HISTÓRIA DA VIRGINDADE

Proibida a reprodução total ou parcial em qualquer mídia
sem a autorização escrita da editora.
Os infratores estão sujeitos às penas da lei.

A Editora não é responsável pelo conteúdo da Obra,
com o qual não necessariamente concorda.
A Autora conhece os fatos narrados, pelos quais é responsável,
assim como se responsabiliza pelos juízos emitidos.

Consulte nosso catálogo completo e últimos lançamentos em **www.editoracontexto.com.br**.

HISTÓRIA DA VIRGINDADE

Yvonne Knibiehler

Tradução
Dilson Ferreira da Cruz

Copyright © Odile Jacob, Mars 2012

Direitos de publicação no Brasil adquiridos pela
Editora Contexto (Editora Pinsky Ltda.)

Fotos de capa
Marisa de Oliveira

Montagem de capa e diagramação
Gustavo S. Vilas Boas

Preparação de textos
Lilian Aquino

Revisão
Tatiana Borges Malheiro

Dados Internacionais de Catalogação na Publicação (CIP)
Angélica Ilacqua CRB-8/7057

Knibiehler, Yvonne
História da virgindade / Yvonne Knibiehler ; tradução de
Dilson Ferreira da Cruz. – São Paulo : Contexto, 2016.
224 p. : il.

Bibliografia
ISBN 978-85-7244-940-3
Título original: La Virginité Féminine

1. Virgindade – História 2. Virgindade – Aspectos sociais
Mulheres – Aspectos sociais I. Título   II. Cruz, Dilson
Ferreira da

15-1265   CDD 306.709

Índice para catálogo sistemático:
1. Virgindade - História

2016

EDITORA CONTEXTO
Diretor editorial: *Jaime Pinsky*

Rua Dr. José Elias, 520 – Alto da Lapa
05083-030 – São Paulo – SP
PABX: (11) 3832 5838
contexto@editoracontexto.com.br
www.editoracontexto.com.br

Sumário

INTRODUÇÃO
O QUE É A VIRGINDADE? 9

PRIMEIRA PARTE
A VIRGINDADE MÍTICA
A Antiguidade greco-romana 17

A VIRGINDADE DIVINIZADA 19
    As três olímpicas 20
    A virgem e a política 25

AS MORTAIS 31
    Um valor essencial para a cidade: a *parthenia* 32
    Do *status* de menina ao *status* de mulher 35
    Teoria e práticas 37

OS SABERES 43
    A *parthenia* hipocrática 44
    A evolução dos saberes 47

A politização do corpo feminino 52

SEGUNDA PARTE
A GLÓRIA DE DEUS E O VALOR DAS VIRGENS
Os monoteísmos 53

O JUDAÍSMO
A autenticidade da filiação 55

    A sacralização do casal 56
    A subordinação das mulheres 57
    A virgindade e o sangue 59
    A violação 61
    A educação e a criação das meninas 63
    Os fatores da mudança 65

O CRISTIANISMO
A sublimação espiritual 67

    A invenção da "carne" 68
    A virgindade espiritual 69
    Maria, virgem e mãe de Deus 73
    As esposas do Cristo 77
    Um espaço de liberdade e glória 79

O ISLAMISMO
A satisfação masculina 83

    Ordem divina e ordem social 83
    Os costumes 88

A emergência do tema "moça" 92

TERCEIRA PARTE
O APOGEU DA VIRGINDADE FEMININA
A cristandade ocidental 93

O QUE É UMA DONZELA? 95
    A personagem da donzela nas narrativas
       hagiográficas e nos contos populares 96
    A virgindade nos escritos teológicos 99
    O que os tratados médicos dizem das jovens 99
    Joana: donzela, virgem, mística e guerreira 104

A CARNE E O ESPÍRITO..111
    Junto aos homens, a violência do corpo..........................112
    Do lado das mulheres, a elevação mística da alma..........116

O SURGIMENTO DA MOÇA..127
    A demora no casamento..128
    As virgens domesticadas..130
    A invenção do celibato feminino..........................137

Do amor divino ao amor romântico..........................140

QUARTA PARTE
A DESSACRALIZAÇÃO
Ciências modernas, laicidade, feminismo..........................141

O CORPO DA CIÊNCIA..143
    A virgindade naturalizada..143
    A saúde virginal..148
    A Revolução Francesa e a liberdade das moças..........153
    A razão das moças..157

IMACULADAS
A dupla moral..159
    A glorificação da virgindade..160
    A "inocência" das donzelas..164
    As moças do povo..170

A EMANCIPAÇÃO..175
    Os novos desafios..175
    Enfrentamentos..179
    O impacto da psicanálise..181
    A liberação sexual..183
    A contraeducação..185

Um novo paradigma..189

QUINTA PARTE
O NOVO CONTEXTO 191

AS VIRGENS SEM QUALIDADES 193
A liberdade 193
A igualdade 197

SOBREVIVÊNCIAS OU PERMANÊNCIAS 205
A cultura cristã.. 206
A cultura muçulmana 209
NO SEX: a nova militância americana 218

A história continua! 221

A AUTORA 223

INTRODUÇÃO
O que é a virgindade?

Em nossos dias de sexualidade triunfante, a virgindade feminina parece ter perdido todo significado e valor. Não seria ridículo dedicar-lhe um livro? Ao contrário, o tema me parece muito atual! Ele se impôs a mim após um debate com mulheres de cultura muçulmana acerca do atestado de virgindade e das reconstituições de hímen. Eu queria saber por que elas ainda cediam a uma exigência da tradição que nós, ocidentais, julgamos absolutamente abusiva. As respostas me obrigaram a refletir. Em seguida, soube que uma rica herdeira americana, Paris Hilton, célebre por seus escândalos, havia declarado que quando decidisse se casar faria uma cirurgia para reconstituir seu hímen e que uma estudante americana recentemente leiloou sua virgindade para financiar seus estudos! Então compreendi que, muito além da cultura muçulmana, a virgindade feminina se mantém em todas as culturas e aparentemente ainda tem um papel simbólico considerável. É uma dimensão da relação entre os sexos, um componente do tecido social.

É verdade que as feministas têm toda razão de denunciá-la como uma invenção, uma fantasia masculina; mas por que os homens sentem necessidade de cismar e fantasiar com tal assunto? E por que renunciariam a ele hoje? Basta revelar a fantasia para que ela desapareça? Aliás, ao lado das elucubrações masculinas, é preciso observar, como um reflexo, as reações femininas. Não se pode esquecer que durante os séculos cristãos um bom número de mulheres preservou sua virgindade como forma de liberdade e fonte de poder, exprimindo com tal atitude sua parcela de autonomia e iniciativa – sua "virilidade". Citemos, dentre muitas outras, Genoveva de Paris, Catarina de Siena, Joana d'Arc, Teresa de Ávila, Elisabete I, rainha da Inglaterra, sem falar dos mitos resplandecentes, Palas Atena e a Virgem Maria. De onde vinha a segurança dessas virgens, como explicar seu esplendor? E o que temos para colocar no lugar?

Tudo isso é passado, dirão. Que seja, mas temos, de fato, certeza?

Segundo os dicionários atuais, a virgindade é o estado de uma pessoa virgem. E a virgem, no feminino, é a moça que jamais teve relações sexuais completas. Mas o que se deve entender por relações sexuais completas? À medida que refletimos sobre tal definição, ela se amplia: a virgindade é o estado de menina que é preciso abandonar para se tornar mulher. Como se opera a passagem do primeiro estado para o segundo? Por um simples coito? Na verdade, a passagem não diz respeito apenas ao corpo, mas afeta também o psiquismo, as relações sociais, o "gênero". É exatamente o que confirmam as pesquisas sobre o tema, se nos dermos ao trabalho de consultá-las.

As ciências médicas foram as primeiras a se manifestar. Desde Hipócrates, os médicos sempre hesitaram em definir a virgindade feminina, tal a diversidade dos sinais anatômico-fisiológicos, que variam de indivíduo para indivíduo. Durante todo esse tempo, as parteiras sempre afirmaram ser capazes de saber se uma jovem era virgem – e elas gozavam de credibilidade. Foi preciso esperar o grande naturalista Cuvier, no começo do século XIX, para que o saber médico se impusesse e confirmasse que, exceto em caso de violência, o hímen – membrana que na maior parte das jovens (mas não em todas) contrai mais ou menos a vagina – se rompe no momento da primeira penetração, frequentemente sem dor ou sangramento. A linguagem é marcada por esse saber anatômico. O substantivo "virgem" (*vierge*) designa unicamente a menina púbere, o menino é "donzelo" (*puceau*). Para a menina, o primeiro ato sexual completo é uma "defloração", que deixa marcas em sua vagina; para o menino, é uma "iniciação", que não altera seu pênis. Mas ainda há pouco os médicos eram todos homens. Entre eles e as parteiras surgiram as ginecologistas, que se multiplicaram a partir de meados do século XX. Não teriam elas nada a dizer acerca da virgindade e da "primeira vez"?

As ciências psicológicas foram, também elas, invadidas pelas mulheres do século XX. Essas novas "especialistas" não parecem muito interessadas na virgindade. Entretanto, em 1918, num artigo intitulado "O tabu da virgindade", Freud abriu pistas interessantes. Tendo descoberto que, em certos povos "primitivos", um notável da comunidade deflorava a noiva um pouco antes das núpcias, ele comentou tal prática lembrando os riscos da "primeira vez". É raro que uma virgem conheça o orgasmo durante sua defloração e há o risco de sua decepção provocar uma frigidez temível para o marido. De fato, ele deseja fazer com que sua mulher seja amorosa, iniciando-a no prazer sexual; ele fantasia esse elo como um componente essencial de sua dominação. Notemos que bem antes de Freud, no século XIII, Tomás de Aquino afirmava que a experiência da volúpia é irreversível; aquela ou aquele que conheceu o prazer carnal não pode mais voltar ao estado anterior. A frigidez feminina desafia a dominação masculina; tudo se passa como se uma esposa frígida permanecesse virgem no plano psíquico. Aqui está o tabu: se a mulher escapa ao homem, ela se torna um perigo para ele, afirma Freud. E ele, o que é para ela?

Por sua vez, os antropólogos, que estudam o ser humano em sociedade, destacaram a dimensão social da virgindade. Outrora, ela dizia respeito às relações familiares: um homem devia desposar uma virgem para assegurar a autenticidade de sua progenitura, para saber quais crianças eram seus filhos, para que as crianças soubessem quem era seu pai. Foi a primeira razão de ser do casamento. Um homem desposava uma virgem para perpetuar uma linhagem, para transmitir de pai para filho uma herança biológica (o "sangue"), um nome, bens, poderes – uma forma de conjurar a morte, outra fantasia. As moças virgens logo se tornaram preciosos objetos de troca entre as famílias. O pai as casava jovens, proibia o incesto a si e a seus filhos. A virgindade da noiva honrava aqueles que souberam protegê-la e respeitá-la. A vinda ao mundo de uma criança integrava plenamente a esposa na família e na comunidade do marido.

Françoise Héritier acrescentou uma observação surpreendente a esse respeito. Os homens estavam convencidos de que eram os únicos procriadores: é sua semente que fecunda as mulheres. Entretanto, as mulheres fazem crianças dos dois sexos: para se reproduzir como machos, os homens são obrigados a passar por elas. Há aqui um motivo para inquietação que reforçou o desejo masculino de dominação e a necessidade do casamento. Mais próximo de nós, esse talvez tenha sido um objetivo inconsciente da medicação contemporânea, tanto em matéria de obstetrícia quanto de contracepção. É realmente certo, como gostamos de crer, que a contracepção médica, colocada à disposição das filhas de Eva, tenha eliminado toda subordinação feminina no âmbito da sexualidade e da procriação?

Outro fenômeno merece atenção. A virgindade foi muito cedo promovida ao grau de virtude moral e inculcada nas meninas como tal. Por quê? Porque a referência anatômica se mostrou insuficiente: o hímen intacto não diz tudo. É virgem aquela que, com exceção da penetração vaginal, experimentou, com um ou mais parceiros, uma vasta gama de jogos sexuais? As filhas de Eva não são fêmeas de animais; não é apenas o instinto de reprodução que as guia, é também a busca por uma satisfação que não é apenas carnal. Como então preservar as prerrogativas do futuro marido?

Muito além da virtude moral, a virgindade foi objeto, na religião cristã, de uma verdadeira transfiguração: ela foi idealizada como a via de acesso mais direta à santidade, tanto para homens quanto para mulheres. Ela não deve ser confundida com uma negação da sexualidade – a virgindade mística evoca a penetração divina na alma humana em termos eróticos, os do "Cântico dos cânticos". Ao mesmo tempo, uma vez que permite às meninas recusar o casamento comum para se dedicar a Deus, o cristianismo inventa uma liberdade e uma transcendência especificamente femininas. Para as que se tornam "esposas do Cristo", a virgindade se inflama com uma espiritualidade sublime.

Ao frigir dos ovos, a virgindade é um belo exemplo de interação contínua entre natureza e cultura. Distinção social, moral e simbólica de importância maior, ela carregou (e ainda carrega) uma carga afetiva e emocional intensa. É o que testemunha o sentido figurado da palavra "virgem", surgido no século XVI. É o desconhecido, a descoberta: toda "primeira vez"

INTRODUÇÃO

escancara as portas do imaginário. Terra virgem, floresta virgem, página virgem. Lembremos também a emoção dos artistas: a *koré*, dos gregos, *A primavera*, de Botticelli, *A fonte*, de Ingres. Feminilidade intacta e juvenil, imagem pagã do paraíso.

Esse grande tema não foi ignorado pelos historiadores. Duas obras pioneiras, muito diferentes, abriram caminho. Em 1981, 15 autores uniram seus esforços para abordar *La Première fois*,[1] ensaio de enfoque abrangente, já estimulante. Alguns anos mais tarde, Giulia Sissa, em *Le Corps virginal*,[2] analisou os mitos gregos de um ponto de vista totalmente novo. Na sequência, diversos estudos, relativos sobretudo às meninas, trouxeram esclarecimentos parciais.[3] Enfim, as grandes obras recentes sobre a história das mulheres, a história do corpo, a história do gênero enriqueceram o saber acerca das relações entre os sexos. Tentar uma síntese me pareceu possível e útil.

Este livro se limitará à observação da Europa. Espero ardentemente que em breve outras partes do mundo sejam objeto de investigações semelhantes. O plano é cronológico, o que permite questionar os grandes paradigmas da civilização ocidental: primeiro, os mitos da Antiguidade greco-latina, que continuam a ser pródigos de revelações; em seguida, o monoteísmo em suas três confissões: o judaísmo, o cristianismo e o islamismo, cada qual propondo uma interpretação original da virgindade feminina. Na Idade Moderna, as cristãs deram à virgindade desdobramentos de uma riqueza espantosa. O Iluminismo e a modernidade deram início a uma dessacralização que se encerrou no final do século XX. Enfim, levei em conta realidades contemporâneas: de fato, as pesquisas sociais numerosas e precisas descrevem hoje a evolução das práticas e representações sexuais. Ao longo de nosso percurso, dois fios condutores, estritamente entrelaçados, fornecerão um eixo à narrativa. De fato, de um lado, tentei mostrar que ao longo do tempo as filhas de Eva frequentemente se apropriaram de sua virgindade. Mas por quais meios e usos? Por outro lado, busquei compreender por que o sexo forte aceitou essa forma particular de emancipação feminina e como se adaptou a ela. Antigamente e até pouco tempo, para deixar de ser virgem, uma moça devia, de acordo com as representações masculinas, passar por três etapas: a defloração, a descoberta do Eros e o parto. O que se passa hoje? As páginas que seguem parecem lembrar tempos remotos, mas nada se apaga: a humanidade se constrói a partir de experiências que se sobrepõem. A História presta às coletividades humanas um serviço comparável ao que a psicanálise oferta aos indivíduos: ela elucida a memória, peça mestra da consciência de si.

Notas

[1] *La Première fois ou le roman de la virginité perdue à travers les siècles et les continents*, Ramsay, 1981.
[2] G. Sissa, *Le Corps virginal*, prefácio de Nicole Loraux, Paris, Vrin, 1987.
[3] Esses estudos serão citados nos capítulos que se seguem.

PRIMEIRA PARTE
A VIRGINDADE MÍTICA
A ANTIGUIDADE GRECO-ROMANA

Para os antigos, gregos e latinos, a virgindade feminina é primeiramente uma entidade divina. Eles a alçaram ao cume do Olimpo e precisaram de três deusas diferentes para representar todas as suas dimensões. Uma simbologia poderosa, portanto, domina e dá forma à vida dos humildes mortais, indo muito além de sua anatomia. Entretanto, os médicos da era hipocrática descartaram qualquer intervenção sobre-humana e confiavam apenas em suas observações. Teriam eles inaugurado uma ciência da virgindade?

A virgindade divinizada[1]

Em torno da virgindade feminina os gregos ergueram mitos fundadores; cultos e ritos que marcaram fortemente os costumes, as representações e até mesmo os saberes. Por quê? Antes de sugerir respostas, convêm tomar algumas precauções. A palavra "virgindade" traduz tanto o grego *parthenia* quanto o latim *virginitas*; a palavra "virgem" traduz *parthenos* e *virgo*. Traduções aproximativas, pois nossos conceitos atuais de virgem e virgindade, moldados pela doutrina cristã e por uma ciência da anatomia de grandes resultados, não coincidem exatamente com o conteúdo dos termos gregos e latinos. Por outro lado, o panteão grego não se constituiu senão aos poucos, ao longo dos séculos, em relação a contextos históricos sucessivos: os deuses que o povoam não são figuras estáveis; imobilizá-los é traí-los. É verdade que as divindades não são pessoas, são forças, exercem um poder, o que não as impede de ter cada qual um nome, um "gênero" e um caráter bem delineado.

No Olimpo, a igualdade está assegurada: ele é habitado por seis deuses e seis deusas. Nenhum dos machos é virgem; a virgindade é pensada apenas no feminino. Entretanto, uma outra simetria, igualmente manifesta, é mais surpreendente: entre as seis deusas, três são virgens, por escolha pessoal, e bem decididas a permanecer assim; três outras são esposas e mães. A virgindade feminina é, então, pensada como um estado transitório – um dia, a virgem chega ao casamento; depois, à maternidade –, ao passo que as três deusas virgens o são perpetuamente. A virgindade das deusas talvez esteja ligada à sua imortalidade; como as divindades não morrem, não têm que repovoar suas fileiras. Para elas, a procriação não é um dever social; apenas uma experiência individual, mais ou menos satisfatória. Aliás, as deusas esposas-mães são pouco fecundas, e nenhuma parece feliz no casamento. Isso posto, ignoramos por que as três deusas virgens se recusam a conhecer homens e ter filhos; nenhuma se explica. Precisemos que entre as deusas virgens e as não virgens a concórdia é, no mais das vezes, rara: as três virgens detestam particularmente Afrodite, sua rival e inimiga.

AS TRÊS OLÍMPICAS

Salta aos olhos que, entre as olímpicas, a virgindade, de um lado, e a atividade sexual, de outro, não são apenas distintas, mas separadas; na verdade, são opostas radical e definitivamente. Elas surgem como duas categorias do feminino; equivalentes, mas irreconciliáveis. Nada comparável existe no lado dos olímpicos e/ou entre os mortais. Os antigos apreciam os prazeres sexuais e os gozam sem constrangimento. Entretanto, avaliam a força do que chamamos sexualidade, temem seu domínio e entendem ser conveniente impor limites que não são definidos pelos deuses, mas pelas deusas, como se nessa matéria o discernimento delas fosse mais confiável ou como se a contenção do desejo sexual fosse uma responsabilidade especificamente feminina. As deusas virgens se encarregam de bloquear o caminho da livre sexualidade nos casos em que ela pode ser prejudicial. Elas protegem especialmente a integridade da infância, da cidade, do lar. Mas cada uma age à sua maneira: Atena, Artêmis e Héstia também assumem responsabilidades distintas.

Atena

Atena, divindade protetora das cidades por excelência, protege Atenas. O mais belo templo da Acrópole, o Parthenon, é dedicado a ela, e as panateneias a celebram com pompa. Ela deve essa veneração ao fato de ser a guardiã da autoctonia da cidade. De fato, de acordo com o mito das origens, os atenienses nasceram do próprio solo da Ática. Segundo a narrativa mítica, ao ser perseguida por Hefesto, a orgulhosa deusa foi atingida na coxa pelo esperma do deus apaixonado. Ela o secou com chumaço de lã e depois o jogou no chão. Daí nasceu Erictônio, o primeiro rei de Atenas: filho da Terra e do deus ferreiro, ele escapou às trevas do útero. Atena o recolheu e velou por sua educação.

Outro símbolo: o parto mais representado na iconografia grega é o de Zeus dando à luz sua filha Atena. O rei dos deuses, imagem suprema do masculino, teria querido afirmar seu poder ao colocar no mundo uma criança do outro sexo, ato de que as mortais são capazes, mas não os mortais? O fato é que ao sair toda armada do crânio de Zeus, Atena também evitou a estada no útero. Ela é filha de seu pai, a quem permanece muito apegada. Combativa, está sempre disposta a pegar em armas; entretanto, também ama a paz e a sabedoria.

Na verdade, Atena teve uma mãe, Métis, a deusa da inteligência, que foi "devorada" por Zeus. Aliás, Atena é frequentemente invocada por sua *métis*, sua inteligência ativa e prática. Ela ensinou os humanos a cultivar a oliveira. Patrona das profissões femininas, da fiação e da tecelagem, ela ajuda também um bom número de técnicos: o ferreiro, o oleiro, aquele que constrói um navio e mesmo quem o pilota. Seu apoio a diversas atividades criativas confirmam a origem divina, o caráter sagrado da inteligência humana, capaz de transformar o mundo. Na era dos filósofos, Atena, divindade feminina, mas virgem, se tornará o símbolo da ciência. Pode-se dizer que ela estabeleceu um elo entre a virgindade e a aprendizagem, a aquisição de saberes?

Artêmis

Artêmis é mais ambivalente. Embora aconteça de defender sua integridade com violência, algumas de suas aventuras são tingidas de erotismo, e ela é também mais próxima tanto das mulheres que dão à luz quanto das crianças que nascem. Artêmis detesta os trabalhos domésticos, ainda que saiba fiar com sua roca de ouro; prefere as danças e os cantos e, acima de tudo, ama caçar, correr pelos bosques e pelas montanhas com as ninfas, suas companheiras. Ela tem apreço pelas mulheres belicosas e as apoia; primeiramente, as amazonas e seu reinado, a bela Penteseleia, que à frente de mil virgens é levada a ir em socorro de Troia e é morta por Aquiles. Artêmis protege os homens castos, como testemunha Hipólito, filho de uma amazona, Antíope, e de Teseu, rei de Atenas. O belo jovem, solitário, grande caçador, devota à deusa um culto fervoroso: para manifestar sua devoção, ele se impõe uma continência absoluta, o que irrita Afrodite. Artêmis vela por ele, mas nada pode fazer para evitar-lhe a morte, uma vez que, como se sabe, Afrodite incutiu em Fedra, esposa de Teseu, uma paixão destruidora.

Muitos exemplos comprovam que Artêmis pode se mostrar de uma crueldade impiedosa. Por exemplo, o caçador Acteon, que estava perdido na floresta, é transformado em cervo por ela, que o deixa ser devorado por seus cães porque ele, por acaso, a viu nua divertindo-se com as ninfas na água de uma fonte. Artêmis também mata, a flechadas, os sete filhos e as sete filhas de Niobe, pelo fato de essa mãe se vangloriar de sua fecundidade. Entretanto, é Artêmis que é invocada, sob o nome de Locheia, junto às parturientes. Assim como ajudou sua mãe, Latona, a colocar Apolo no mundo, ela assiste as que estão em trabalho de parto e acolhe os recém-nascidos. Em Éfeso, seu templo, o Artemisina, foi construído sobre as ruínas de um antigo templo de Cibele.

Por causa de suas contradições, de sua complexidade, poderíamos ser tentados a ver em Artêmis a própria imagem da adolescência, idade cheia de ansiedades e fantasias, sobretudo para as meninas, que temem, retardam, recusam as obrigações da mulher casada. Na verdade, ela desempenha um papel decisivo nas fronteiras entre o mundo selvagem e o mundo civilizado, velando assiduamente pelas trocas e relações que ambos mantêm entre si. Ela é chamada de *Kourotrophe* ("ama de leite", "educadora"); se ocupa dos pequenos, tanto dos filhos dos homens quanto dos filhotes dos animais, os ajuda a crescer assim que chegam ao mundo. Como ela, os jovens se encontram em uma posição indefinida, em que as fronteiras que separam humanos e animais, meninos e meninas, crianças e adultos ainda não estão claramente demarcadas. Ela os acompanha no momento de transpor limites difíceis, assegurando sua integração progressiva na sociedade organizada. Pode-se dizer que ela associa a virgindade às transformações perturbadoras do corpo juvenil, às pulsões da vida que ele experimenta?

A VIRGINDADE MÍTICA

Héstia

Héstia teve certa dificuldade em fazer com que o rei dos deuses aceitasse seu voto de castidade. Após ter recusado as investidas de Poseidon e de Apolo, ambas apoiadas por Zeus, ela fez o grande juramento dos deuses, "aquele que não pode ser desfeito", para se dedicar mais intensamente à virgindade. Em compensação, o rei dos deuses lhe permitiu reinar sobre o fogo doméstico. Seu nome próprio é também o nome comum que designa a lareira. Entretanto, estranhamente, ela não acompanha a dona de casa em suas responsabilidades. Sua função parece enigmática. Jean-Pierre Vernant observa que Héstia é muito frequentemente associada a Hermes, que não é seu irmão, marido ou filho. Essas duas divindades representam duas polaridades da existência humana: Héstia, o interior e a estabilidade (a vida feminina); Hermes, o exterior e o movimento (a vida masculina). O fogo os reúne. Situado no centro das casas, disposto de forma circular, o fogo tem uma função umbilical – símbolo de filiação, de continuidade, de enraizamento, ele estabelece um elo com a terra e os deuses, tanto celestes quanto infernais.

Héstia atenua ou supera algumas dificuldades nas relações familiares. A necessidade de recorrer às mulheres para perpetuar uma linhagem incomoda os chefes de família pelo fato de ela alterar uma continuidade ideal. A sociedade grega, fundamentalmente patrilinear e patriarcal, só reconhece as genealogias masculinas; a filiação pelas mulheres não conta. A esposa é uma estrangeira para a família, ela vem do exterior pelo casamento e pode ser repudiada (o que não é raro). Quanto à filha, ela será levada para fora da casa por seu marido. Como inserir as mulheres nas linhagens estritamente masculinas? Héstia o faz: ela representa a estabilidade feminina junto ao lar; nesse lugar, sua virgindade, sua castidade absoluta, é totalmente necessária, e é por isso que ela oferece uma imagem abstrata do feminino. Talvez essa seja a razão de ela ser pouco representada na iconografia. Entretanto, toda festa de família começa e termina com as libações a Héstia, deusa virgem, em particular por ocasião das Anfidromias, cerimônias que acompanham o nascimento de uma criança.

Entretanto, Héstia não é apenas uma virgem doméstica. Ela reina também sobre o fogo que permanece aceso no centro da cidade, no Pritaneu, sede do poder político, e preside algumas festas cívicas que reúnem os chefes de família. Na verdade, tanto no âmbito político da cidade quanto no contexto privado da família, o fogo é um símbolo muito forte, que representa, ao mesmo tempo, a pureza dos costumes e a perenidade do grupo. Os que partem com a intenção de fundar uma colônia levam consigo a flama de sua cidade de origem. Claudine Ledux, que destacou esses elementos, mostrou que Héstia representa o elo entre o fogo doméstico e o fogo coletivo. Mais exatamente, a deusa assegura a integração de todos os fogos domésticos no centro da cidade, o corpo político.

A VIRGEM E A POLÍTICA[2]

Voltemos à nossa questão central: por que os gregos divinizaram a virgindade feminina? Por que é preciso que Atena, Artêmis e Héstia sejam virgens? Talvez porque elas tragam uma caução feminina a um corpo político que, na verdade, apaga as mulheres. Entre as deusas, a sexualidade ganha de longe da feminilidade: diferentemente das mortais, que são forçadas a assegurar a reprodução da espécie, elas podem recusar o casamento e o parto. Ao que parece, é exatamente nesse aspecto que sua presença divina ganha sentido. A necessidade de reproduzir a espécie mantém no campo da animalidade e da morte tanto as mulheres quanto os homens que as desposam, ao passo que a cidade é pensada como uma promessa de perenidade, se não de imortalidade. Héstia acompanha as genealogias masculinas dentro de casa e no espaço cívico; Artêmis está no centro da vida do político a fim de assegurar a civilidade; Atena, filha do pai, garantidora da autoctonia, capaz de conduzir os exércitos à vitória ou de propiciar uma paz fecunda, tem o poder de incentivar as artes e as ciências e desempenha perfeitamente o papel de *parthenos* triunfante a serviço da cidade. As deusas virgens operam uma transfiguração do feminino para a glória das comunidades masculinas.

Essa explicação, de fato convincente, não deve ocultar uma motivação talvez mais fundamental. Os antigos sentiam a força irresistível, fatal, do que chamamos sexualidade; são disso testemunhas o desvario de Fedra e a morte de Hipólito. Os antigos precisavam imaginar alguma defesa, uma resistência, alguém a quem recorrer. E os representaram – não por acaso – com divindades femininas.

O caso das sacerdotisas

As divindades querem ser servidas por sacerdotisas "puras", libertas de qualquer ligação sexuada, de qualquer submissão ao macho. Intermediárias entre os deuses e os homens, essas mortais gozam de um estatuto privilegiado, sendo sua virgindade o fundamento de sua função sacerdotal. Observemos os dois exemplos mais significativos: a pitonisa de Delfos[3] e as vestais de Roma.

Em Delfos, centro do mundo, o "corpo virginal" da pitonisa transmite os oráculos de Apolo. Sentada em um trípode, abrindo seu sexo para os vapores ctônicos, a corrente de ar que sai de uma falha rochosa entre nela pela "boca de baixo", atravessa seu corpo durante um transe delirante e sai pela "boca do alto", na forma de gritos e falas que os sacerdotes se encarregam de interpretar. Ela é "possuída" pelo deus, a palavra divina circula livremente nela. Os gregos representam, portanto, a virgindade feminina, a *parthenia*, como uma fenda do corpo feminino que está à espera da fecundação. Eles ignoram a famosa membrana que depois será chamada de "hímen", e mesmo seus médicos não tinham um conhecimento maior (ver a seguir). É preciso destacar a significação simbólica dessa vacuidade intacta: capaz de acolher mensagens divinas, ela constitui um privilégio essencial da feminilidade.

Entretanto, diversas narrativas lendárias relatam incidentes escandalosos: uma virgem consagrada se deixou seduzir por um namorado, provocando a temível ira da divindade. Depois disso, as sacerdotisas passaram a ser recrutadas com uma prudência realista entre as mulheres "puras", mas "velhas", isto é, que estão na menopausa ou são viúvas; em todo caso, castas, que vivem longe dos homens. Entre a virgindade e a castidade, a distinção não é clara. Os gregos parecem ter admitido que uma mulher volte a ser virgem se cessar de ter relações com homens durante bastante tempo. A *parthenia* não é, portanto, segundo eles, uma etapa da vida das mortais, mas antes uma maneira de ser mulher.

Para proteger sua "pureza", as sacerdotisas vivem frequentemente em grupo e respeitam regras. Essa condição será observada notavelmente em Roma, no culto de Vesta, a homóloga latina de Héstia. No centro do fórum romano, o pequeno templo circular de Vesta abrigará o fogo sagrado mantido por sacerdotisas virgens, as vestais. O colégio das vestais é certamente a instituição antiga que melhor evidencia, de um lado, a relação entre as deusas e as mortais e, de outro, a função quase mágica atribuída à virgindade feminina. O corpo das virgens guarda uma força de vida destinada a se exprimir nos partos. A religião romana pretende captar uma parte dessa força e colocá-la a serviço da comunidade. O sumo pontífice, substituindo a autoridade paternal, escolhe meninas de 6 a 10 anos, oriundas de famílias pertencentes às camadas sociais superiores. As eleitas, que se beneficiam de honras e privilégios muito importantes, são consagradas ao serviço da deusa por trinta anos, ou seja, por todo o período fértil de suas vidas. Um castigo terrível ameaça aquela que defende mal sua virgindade: ela será sepultada viva em uma caverna e abandonada. Segundo Plínio, as sacerdotisas veneram um falo em seu santuário. Além da manutenção do fogo sagrado, suas funções consistem em preparar as oferendas: a energia misteriosa de sua virgindade aumenta a eficácia dos sacrifícios e contribui para a prosperidade da cidade. Após o sacerdócio, elas recuperam sua liberdade, mas a maior parte delas termina sua vida no santuário.

Uma representação mais nuançada

Ao lado das três olímpicas citadas, algumas divindades de segundo plano trazem esclarecimentos complementares. Há, por exemplo, Koré-Perséfone, filha de dois olímpicos, Deméter e Zeus, que não pôde escolher permanecer virgem; foi raptada por Hades, deus dos infernos, com o consentimento de Zeus. Os raptos e as violações são frequentes na mitologia grego-latina: eles exprimem a impetuosidade do apetite sexual masculino, que é satisfeito sem escrúpulo. Mas nem a jovem (denominada Perséfone após o rapto) nem sobretudo sua mãe, Deméter, aceitam esse casamento forçado. Deméter, deusa da fecundidade, seca as fontes de vida, inflingindo aos humanos uma estiagem destruidora, que semeia por toda parte a desolação. Zeus é forçado a negociar um acordo segundo o qual Perséfone passa quatro meses por ano nos infernos; em seguida, na chegada da primavera, ela volta a viver a bela estação junto à sua mãe. Seu retorno simboliza, como se sabe, a renovação da natureza, a ressurreição. É possível depreender também dois outros símbolos. De um lado, tudo se passa como se a cada ano Perséfone recuperasse sua virgindade e assim reunisse duas categorias do feminino em uma mesma personalidade divina. Por outro lado, a vingança de Deméter soa como uma advertência: agredir uma virgem pode desencadear a cólera divina, pela qual os humanos se arriscam a pagar um alto preço. Certas práticas conjuratórias por ocasião dos casamentos talvez encontrem aqui sua origem (ver adiante). Em todo caso, o culto das "duas deusas" foi o mais antigo, popular e longevo da Hélade.

Por sua vez, as nove musas, "doutas donzelas", mantêm relações às vezes conturbadas com os humanos. Mnemosine, a mãe e rainha de todas, conserva o passado como um tesouro, não somente por seu valor intrínseco, mas, sobretudo, porque ele esclarece o presente. As musas têm acesso a essa fonte original, a essas realidades primordiais e podem despertar a inspiração de todos os criadores – artistas, poetas, filósofos, sábios –, mas também podem se abster. A virgindade feminina, divinizada, contém uma promessa de vida que não se limita ao corpo, sua fecundidade encobre uma dimensão espiritual.

Artêmis está frequentemente acompanhada de ninfas que percorrem o campo, os bosques, as montanhas. Elas são imortais? Em todo caso, vivem muito mais tempo, são sempre jovens, belas, vivem evitando os assaltos viris dos faunos e sátiros. Graças a elas os homens compreendem que a natureza jamais pode ser inteiramente subjugada, que ela conserva uma parte de indomável selvageria. E, entretanto, algumas ninfas se tornam mães... É preciso mencionar também as virgens que vivem em grupos e são indissociáveis: as náiades, que habitam as águas doces; as nereidas, que se divertem nas águas salgadas; e também as horas, as moiras, as queres ou, mais temíveis, as parcas e as erínias. O grupo apaga os indivíduos. Aqui ainda não há nada comparável do lado masculino.

Todas essas figuras pertencem ao mundo divino. As humanas são bem diferentes. Lembremos que elas chegaram à terra muito tempo depois dos homens. Os primeiros mortais eram todos do sexo masculino: era a "idade do ouro"! A primeira mortal foi Pandora,[4] criada pelos deuses para punir os homens, que haviam se tornado muito pretensiosos. Aberta a caixa que ela carregava, todos os males se espalharam pela Terra. A primeira virgem mortal não foi um bom presente para a humanidade.

Notas

[1] Consultaremos, dentre as obras de base: Jean-Pierre Vernant, *Mito e pensamento entre os gregos: estudos de psicologia histórica*, trad. Haiganuch Sarian, Rio de Janeiro, Paz e Terra, 2008, e *Mito e sociedade na Grécia Antiga*, trad. Myriam Campello, Rio de Janeiro, José Olympio, 1999; Mircea Eliade, *História das crenças e das ideias religiosas*, trad. Roberto Cortes de Lacerda, Rio de Janeiro, Zahar, 2010; Nicole Loraux, *Les Enfants d'Athéna*, Paris, Seuil, 1990, "O que é uma deusa?", em Georges Duby e Michelle Perrot (org.), *História das mulheres no Ocidente*, trad. Maria Helena da Cruz Coelho et al, Porto, Afrontamento, 1991.

[2] Além do livro de Nicole Loraux, *Les Enfants d'Athéna*, ver A. Jaulin, "La vierge et le politique", e C. Leduc, "Note sur Hestia", em GRIEF (Groupe de recherches interdisciplinaires d'études femmes), *Générations de vierges*, Presses universitaires du Mirail, 1984.

[3] G. Sissa, *Le Corps virginal. La virginité féminine en Grèce antique*, op. cit.

[4] P. Schmitt-Pantel, "La création de la femme: un enjeu pour l'histoire des femmes", em J.-C. Schmitt (org.), *Ève et Pandora. La création de la première femme*, Paris: Gallimard, 2001.

As mortais[1]

Os humanos são mortais, mas podem transmitir a vida. Então, os homens defloraram e fecundaram Pandora e suas filhas. Não sem cuidados. Nenhuma moça grega ou romana pode se recusar a ser casada jovem, conforme a vontade de seu pai ou tutor, nem a dar à luz filhos sob a proteção e autoridade de seu esposo. As sociedades greco-latinas são patrilineares e patriarcais: a transmissão dos bens, materiais e simbólicos, é feita de pai para filho. A virgindade da futura esposa garante a autenticidade da descendência.

Uma jovem não casada é *parthenos,* e a palavra *parthenia* caracteriza seu estado, mas a análise desses dois conceitos é difícil.[2] Eles estão menos relacionados à anatomia que a nossa "virgindade", mas sua dimensão social e política está mais consolidada, assim como sua significação simbólica. A *parthenia* é um componente essencial da religião das mulheres, um elo direto entre o mundo das mulheres e as divindades. Ela é vivida em condições privilegiadas pelas filhas dos cidadãos.

UM VALOR ESSENCIAL PARA A CIDADE: A *PARTHENIA*[3]

A uma menina impúbere, mas ainda *parthenos,* inculca-se muito cedo o respeito pela *parthenia*. Ela sabe que Artêmis e Atena velam por ela e já a partir de seu sétimo aniversário participa do culto às deusas. Com as companheiras de sua idade, sob a orientação das sacerdotisas, ela executa nos templos da Acrópole tarefas a serviço das duas deusas: por exemplo, lavar as estátuas, moer os grãos para preparar os bolos sacrificiais, tecer e bordar o *peplos,* vestimenta ritual ofertada anualmente a Atena. A educação coletiva prolonga a do gineceu, e os trabalhos domésticos adquirem, então, uma espécie de caráter sagrado. Essa iniciação simbólica, que se faz entre mulheres, sem nenhuma presença masculina, ajuda a menina a se integrar ao grupo de sua faixa etária. Ela é considerada um pequeno animal domesticado, um urso, um touro, uma potra… Um ritual assustador obriga as meninas a se aproximar de serpentes (símbolos fálicos) e a imitar o abandono de um pacote misterioso. Deve-se ver aí uma forma criptografada de iniciação sexual? Precisemos que os antigos ignoram o conceito de sexualidade; eles não conhecem senão práticas de busca de prazer, que não condenam. Muitos autores afirmam que em Esparta as jovens arregimentadas muito cedo por grupo etário dedicavam muito tempo a exercícios físicos sumariamente vestidas e que se entregavam livremente a jogos sexuais entre si. Para as outras cidades isso não foi constatado, mas é bem plausível.

HISTÓRIA DA VIRGINDADE

A *parthenia* começa com a chegada da menstruação, evento fisiológico capital, que confirma, ao mesmo tempo, a impureza e a sujeição do corpo feminino (ver a seguir). As deusas virgens a acompanham? Existem rituais específicos? As mães ou as sacerdotisas cumulam as meninas com instruções, explicações, recomendações? Em que consiste o que chamamos de "toalete íntima"? Não é impossível que as meninas introduzissem pessários em suas vaginas, amolecendo ou eliminando, assim, o "hímen"; isso explicaria o fato de a famosa membrana parecer ser ignorada pelos antigos.

Uma menina púbere é chamada de *koré* – isto é, filha de um pai cidadão (a palavra *koré* indica, sobretudo, a filiação, a ligação com o pai) –, e também de *parthenos* – moça prestes a casar. Ela encarna o futuro da cidade e, sempre com o grupo de sua faixa etária, participa da vida pública, especialmente das grandes cerimônias coletivas, que são simultaneamente religiosas e cívicas. Em Atenas é o caso das Panateneias, em honra a Atena, ou das Tesmofórias, em louvor a Deméter e Koré. Nas procissões, as jovens atenienses de boa família são *canephores* e trazem na cabeça uma corbelha que contém objetos necessários aos sacrifícios: função social simbólica a mais de um título. Trata-se primeiramente de uma espécie de certificado de virgindade, ostentado dignamente, que qualifica oficialmente as moças que devem casar. É também um gesto de devoção para com Artêmis: a jovem que está pronta para o casamento manifesta sua gratidão e dedicação à deusa virgem para manter sua proteção. Todos os cidadãos participam dessas manifestações de devoção a fim de evitar ofender as divindades poderosas, que podem se vingar desencadeando flagelos. Durante essas cerimônias, as *parthenoi* se destacam por seus atributos e adereços (penteados, maquiagens, vestimentas), pelos coros coreografados que apresentam, pela solenidade de seus gestos.

A VIRGINDADE MÍTICA

A *parthenia* é uma etapa brilhante, mas breve e perigosa, da vida feminina. Como ficou dito, no legendário greco-latino, os relatos de rapto e violação não são raros, sendo os deuses contumazes nesse tipo de façanha. No período heroico, um rapto podia desencadear uma guerra sem trégua entre dois povos. No período clássico, as famílias se dilaceravam mutuamente. Um rapto, uma violação ou mesmo uma sedução consentida são considerados um atentado à vida privada: a menina pertence a seu pai, cabe a ele (ou a um tutor) dá-la em casamento a quem ele quiser. Por isso, as meninas púberes estão quase sempre em grupo, para se sentirem menos vulneráveis.

Os pais conhecem o poder de Afrodite, temem as flechas de Eros. Para prevenir esse risco de sedução ameaça-se a menina na mais tenra idade com as terríveis sanções previstas nas leis de Sólon: se ela sucumbir à vertigem do amor, seu pai poderá expulsá-la de casa ou vendê-la como escrava; os membros de seu círculo não a reconhecerão mais. Sempre *parthenos*, posto que não é casada, ela perderá não apenas seu nome, mas qualquer existência oficial, logo, qualquer possibilidade de casamento. Se colocar um filho no mundo, ele não terá pai, nome ou existência social, nenhuma identidade. Na idade adulta, fatalmente se tornará um rebelde, um sedicioso, um inimigo público. Exceto, claro, se seu pai for um deus...

O alto valor da *parthenia* é igualmente confirmado pelas narrativas lendárias que relatam sacrifícios humanos. Tal deus (ou deusa) persegue as mortais para se vingar de uma ofensa; pelo oráculo, ele ou ela faz saber que a morte ritual de uma virgem apaziguará sua ira. Frequentemente, a escolhida é a filha do rei. A oferenda de tal vida, dessa reserva de vida, basta, no mais das vezes, para redimir a ofensa. A mais célebre dessas vítimas é Efigênia, filha de Agamenon: a própria Artêmis exigiu sua morte, mas no momento supremo a agraciou. Essas narrativas são sem dúvida heranças de tempos muito longínquos, em que sacrifícios humanos ocorriam efetivamente.

No período clássico, a ideia de sacrifício permaneceu ligada à virgindade feminina. Antes de suas núpcias, a jovem faz oferendas a Artêmis para se separar dela sem ofendê-la. Em uma cerimônia, ela oferece os objetos que acompanharam sua infância: o tamborim que ritmava seus cantos e danças, brinquedos, como uma bola ou ganizes, suas roupas de baixo e, especialmente, seu "cinturão virginal" (como se a mulher casada, fecundada sem demora, não devesse mais menstruar). Com seus cabelos, que usava longos e soltos na infância, ela presta homenagens. A oferta de sua cabeleira tem um valor propiciatório: ela pede a Artêmis que proteja a ainda jovem mulher durante a prova de suas núpcias.

DO *STATUS* DE MENINA
AO *STATUS* DE MULHER

Os ritos de casamento marcam solenemente a importância do limite a ser transposto. A passagem da situação de menina à de mulher é capital não apenas para aquela que o vivencia, mas também para as famílias e a cidade. Apenas uma esposa legítima pode alcançar a plenitude do destino feminino e dar à luz futuros cidadãos. Embora as mulheres não sejam, de fato, cidadãs, elas transmitem a cidadania se forem filhas de um cidadão e desposadas segundo a lei e os ritos. Assim, o título de cidadão permanece privilégio de uma elite.

As núpcias seguem etapas: a menina se separa dos locais, das pessoas e das divindades que a viram crescer e protegeram sua infância. Ela se "purifica" em um banho ritual,

A VIRGINDADE MÍTICA

veste as roupas especialmente confeccionadas, ornadas e bordadas para a ocasião, calça as "nymphides" e cobre seus cabelos com uma coroa. As famílias dos noivos manifestam sua concordância publicamente, diante de testemunhas. O pai da jovem concede o dote e o noivo oferece presentes. Durante uma refeição nupcial, longa e festiva, a noiva faz sua aparição; nesse momento ela recebe, em uma cerimônia, seu véu de esposa, símbolo precioso. Em seguida, ganha a casa de seu esposo.

Destaquemos de passagem a importância do dote: ele materializa o elo muito forte que une uma jovem a seu pai. Em caso de divórcio, o pai recuperará a filha e o dote, e procurará outro genro; tal enredo pode se repetir diversas vezes. Um pai considera sua filha um bem pessoal do qual dispõe livremente, no respeito das leis da cidade. Se não tiver filhos, ele negociará um contrato de casamento segundo o qual sua filha lhe dará como herdeiro o primeiro menino que colocar no mundo. Os chefes de família não se conformam em perder o potencial genésico representado por suas filhas.

Voltemos ao casamento. Muitas divindades participam da cerimônia: Artêmis, Afrodite e Hera, claro, mas também muitas outras, cuja lista varia conforme a cidade. A noite de núpcias é ainda mais povoada: a *parthenia* é liberta na presença de uma multidão de entidades divinas que acompanham gesto a gesto esse primeiro momento, denso e delicado, da formação do casal. A proteção imaginária de uma população tutelar numerosa e ativa dá testemunho de uma inquietude que a noiva não é a única a sentir.[4] De manhã, cabe a Hera proteger a jovem esposa; todavia, como ainda não é mãe, ela permanece no estado de *nymphe*, período transitório de duração indeterminada durante o qual o prazer do amor lhe é revelado. Ela só será plenamente integrada à comunidade ao dar à luz. Os gregos distinguem, portanto, claramente, as três etapas do percurso que fazem da menina uma mulher – a defloração, a descoberta do Eros e o parto.

Certamente, a proteção dos deuses e deusas é preciosa para as esposas, pois, frequentemente, as meninas se casam cedo. Acontece de serem prometidas a partir de seu sétimo ano, às vezes até antes, e casarem entre 11 e 14 anos. Por que tão cedo? Velar pela integridade de uma virgem é uma responsabilidade da qual pais e tutores desejam se desincumbir sem demora. Às vezes eles também aproveitam a oportunidade para celebrar uma aliança vantajosa. Em todo caso, é estabelecido que a nubilidade das meninas pode preceder sua puberdade (a lei romana fixa o limite em 12 anos). Era, portanto, em uma idade ainda muito tenra que a esposa deixava os seus para se instalar na casa do marido. Nenhuma deixou testemunhos, mas alguns textos, escritos por homens, fazem pensar que a adaptação nem sempre era tranquila. Talvez tudo dependesse dos cuidados do marido, que é claramente mais velho, uma vez que os homens não se casam antes dos 30 anos. Ao menos não são inexperientes, pois enquanto os cidadãos preservam a virgindade de suas filhas, eles encorajam as atividades sexuais de seus filhos. Essa diferença de educação contribui para assegurar a dominação masculina no casal.

TEORIA E PRÁTICAS

As linhas precedentes evocaram um modelo quase teórico da *parthenia*. Na prática, os usos variavam muito. De modo especial, não é porque as leis e costumes permitiam dar uma filha em casamento quando ela saía da infância que todas as meninas eram condenadas a esse destino.

Observemos as belas jovenzinhas das narrativas lendárias: Nausicaa, Efigênia, Electra, Antígona, Atalante etc. Poder-se-ia objetar que são filhas de reis, criações míticas, acima de tudo. É verdade, mas no período democrático elas se tornaram quase todas personagens de teatro. Para lhes dar a palavra, os autores dramáticos enriqueceram suas personalidades, analisaram as provas pelas quais passaram e descreveram suas emoções, seus desejos. Assim, promovidas ao grau de modelos, elas contribuem para a edificação de todas as *parthenoi*, e talvez também para a de seus pais. Ora, a essas princesas foi dado o tempo de crescer, adquirir discernimento, experimentar desejos; foi-lhes permitido, talvez, escolher entre vários pretendentes. O charme resplandecente de Nausicaa emana, é verdade, de sua beleza, reflexo da de Artêmis, mas ainda mais de suas qualidades pessoais: sua coragem diante do surgimento de Ulisses, sua acolhida cortês e atenciosa, sua dignidade, sua reserva. Atalante, orgulhosa de suas proezas atléticas, só quer desposar um pretendente que seja capaz de batê-la em uma corrida; seu pai cede a seu capricho e organiza um campeonato. Efigênia dá provas de uma abnegação heroica: diante do pedido de seu pai, Agamenon, ela aceita ser sacrificada no interesse da pátria. Electra quer a todo preço vingar seu pai, Agamenon. Ela faz com que seu irmão Orestes mate sua mãe, Clitenestra, assassina de seu pai. Antígona enfrenta uma proibição real com todos seus perigos e riscos para proporcionar a Políneces, seu irmão rebelde, obséquias de acordo com as tradições. Essas jovens não são virgens insignificantes à espera de um marido. Elas demonstram uma determinação a toda prova.

Consideremos agora o caso de Hipárquia.[5] Não se trata de uma princesa lendária, mas de uma jovem da boa burguesia ateniense, que viveu no século IV a.C. Apaixonada por

Crates, o mais célebre discípulo de Diógenes, o Cínico, ela recusa todos os pretendentes escolhidos por seus pais e ameaça até mesmo colocar um fim a seus dias se não lhe derem em casamento o eleito de seu coração. Esperando dobrá-la, os pais convidam Crates a vir explicar seu modo de vida à rebelde. O homem não se faz de rogado. Oriundo de uma rica família tebana, ele declara ter-se desfeito de todos os seus bens para viver como um cão (é o sentido da palavra "cínico"), na rua, desafiando todas as regras sociais e todo respeito humano. Ele chega ao ponto de se colocar nu diante de Hipárquia: para se tornar sua companheira, ela deverá, também, renunciar a tudo, o que inclui o mais elementar pudor, copulando no meio da rua aos olhos de todos. Bem advertida, Hipárquia persiste em sua escolha e se torna esposa de Crates, seguindo-o por toda parte, até mesmo nos banquetes com as cortesãs. Ela aproveita sua liberdade para adquirir uma formação intelectual e discutir com os filósofos. Feminista *avant la lettre*, se pode-se dizer, ela recusa o papel destinado às esposas dos cidadãos. É verdade que essa jovem mulher, dotada de uma personalidade bastante forte, dá provas de uma determinação excepcional – o que a tornou célebre –, mas seu exemplo revela ao menos que a pressão familiar nem sempre é tirânica: pode-se oferecer vários pretendentes a uma jovem, discutir com ela e deixá-la fazer sua escolha.

Continua a ser verdade que a maior parte das meninas ignora o que chamamos a adolescência. São elas privadas em igual medida de todo saber sobre as práticas sexuais? Na verdade, não sabemos quase nada. Acerca de uma jovem de uma família importante, Xenofonte afirma que antes de seu casamento ela "não deve saber nada". Que nada saiba sobre o homem, vá lá, ainda que sua mãe ou alguém próximo possa dar-lhe conselhos; por ocasião de determinadas festas, as

A VIRGINDADE MÍTICA

mulheres fabricam confeitos em forma de pênis ou de vulva...[6] Mas e sobre seu próprio corpo? A homossexualidade feminina na Antiguidade grega e romana foi recentemente objeto de um estudo aprofundado.[7] Dele se deduz que, se o conceito de homossexualidade permanece desconhecido dos antigos (assim como o de sexualidade), as práticas não o são minimamente, tanto do lado feminino quanto do lado masculino; elas apenas mudaram segundo as épocas, os locais, os meios. Essas práticas são mencionadas nos poemas líricos do período arcaico, em obras filosóficas do período clássico e na literatura satírica do período romano. Por que as reprimiriam? Elas despertam a sexualidade das meninas e lhes permitem esperar pacientemente as núpcias sem correr o risco da gravidez. Como quer que seja, para a filha de um cidadão, é o casamento que, sem mais, oficialmente coloca um ponto-final em sua *parthenia*.

E para as outras? A maioria dos habitantes de uma cidade não usufrui da cidadania, suas filhas não podem transmitir senão *status* subalternos. De fato, os filhos seguem o *status* de suas mães; quem quer que seja seu pai: o filho de uma escrava é escravo como ela. A *parthenia* das meninas sem qualidade sempre tem menos valor que a da filha de um cidadão.

Sabe-se pouco sobre as filhas de não cidadãos. Nem todas são destinadas ao casamento. Algumas anedotas fazem pensar que sua iniciação comporta etapas. Uma hétera iniciante, a quem um homem pergunta se era virgem, responde que ainda é virgem em baixo, mas não em cima. Essa resposta, estranha para nós, lembra a definição dada pelos gregos ao corpo feminino: um corpo aberto com duas bocas, a do alto e a de baixo, capazes de se comunicar. Como a boca do alto perde sua virgindade? Com beijos profundos? Com felações? Em todo caso, essa anedota chama a atenção sobre tudo o que a palavra *parthenia* pode dissimular. Muitas meninas se encontram, de fato, sob as ordens de homens. Na verdade, um honrado cidadão pode recorrer a toda sorte de serviços sexuais. Seus escravos, quaisquer que sejam sua idade e sexo, permanecem à sua disposição. Ele pode tomar uma moça livre como concubina; ela, não desposada conforme os ritos, continua *parthenos* toda sua vida? Na prática deve ter existido toda espécie de situação intermediária, mais ou menos favorável. Os cidadãos não constituem senão uma elite minoritária; os outros habitantes da cidade se arranjam como podem. Todavia, é provável que o modelo das classes superiores, dotado de grande prestígio, influenciasse os costumes e as representações de toda a população.

Os usos variam conforme os lugares. Em Esparta, as meninas são levadas pelo noivo de forma rude e o casamento imita o rapto: o marido encontra sua mulher em um esconderijo escuro onde a toma sem vê-la; a cabeça da noiva é completamente raspada… Em compensação, na ilha de Lesbos, as moças recebem uma educação refinada, aprendem poesia, dança e música, cultivam sua sensibilidade e todos os seus talentos. Seria uma herança da poetisa Safo?

Em suma, entre os mortais, a *parthenia* tem uma função sócio-familiar. É certamente uma manifestação da dominação masculina em uma sociedade patriarcal, mas seu significado vai além. Nas sociedades antigas, o indivíduo, homem ou mulher, permanece a serviço da coletividade. Os próprios machos dominantes estão sujeitos a imperativos que estão acima deles. A cidade é uma pequena coletividade vista como frágil e ameaçada. Talvez a *parthenia* seja primeiramente uma preciosa reserva de vida, que convém proteger diligentemente, evitando ofender as divindades.

Notas

[1] Além do livro já citado de Giulia Sissa, ver, publicados pela revista CLIO: *Histoire, femmes et sociétés: Le temps des jeunes filles*, 1996, n. 4; *Utopies sexuelles*, 2005, n. 22; *Érotiques*, 2010, n. 31.

[2] Agradeço a Vinciane Pirenne-Delforge (Liege) e Véronique Dasen (Fribourg), que me ajudaram a precisar o sentido dessas palavras.

[3] P. Brulé, *La Fille d'Athènes. La religion des filles à Athènes à l'époque classique: mythes, cultes et société*, Paris, Les Belles Lettres, 1987, e *Les Femmes grecques à l'époque classique*, Paris, Hachette Littératures, 2001.

[4] Sobre o artigo "Le tabou de la virginité" (O tabu da virgindade), publicado por Freud em 1918, ver a introdução e o capítulo 11, p. 158.

[5] Marie-Odile Goulet-Caze, "Le cynisme ancien et la sexualité", CLIO, *Utopies sexuelles*, 2005, n. 22.

[6] Os "barquinhos" marselheses em forma de vulva conservam provavelmente essa tradição; mas, a partir dos tempos cristãos, eles supostamente passaram a representar o barco que levou Maria Madalena e suas companheiras até o porto da Foceia, daí seu nome.

[7] S. Boehringer, *L'Homosexualité féminine dans l'Antiquité grecque et romaine*, Paris, Les Belles Lettres, 2007.

Os saberes

Uma narrativa lendária grega põe em cena um pai desconfiado que teria aberto o ventre de sua filha a facadas à procura de um feto, com o único objetivo de saber se a *parthenia*, esse tesouro familiar, não tinha sido furtada. Aparentemente, ele não imaginava outro meio de verificação. É verdade que os critérios anatômicos foram por muito tempo imprecisos; em particular, a existência do que chamamos hímen, a membrana que contrai a entrada da vagina e por muito tempo ignorada, depois discutida e ainda hoje objeto de debates. As dúvidas e discussões sobre esse tema têm o grande interesse de revelar o peso das crenças, doutrinas e ideologias que condicionam o progresso dito "científico": a descrição do corpo da mulher depende do que dele se espera.

A *PARTHENIA* HIPOCRÁTICA[1]

Em matéria de cuidados com a saúde, os médicos da era hipocrática foram os primeiros a querer superar a magia e a fundar uma prática na observação e experiência. O que sabem da virgindade feminina? Questão preliminar: eles podem observar as mulheres?

Frequentemente se objeta que os médicos são todos homens e que em uma sociedade patriarcal uma mulher só pode ser abordada por seu marido. É verdade: as mulheres cuidam umas das outras, sendo as parteiras as cuidadoras mais competentes. Ora, elas não deixaram nenhuma linha escrita com seu saber na Antiguidade. Todavia, na prática, nada impedia os médicos de se informar junto a elas, tampouco de examinar os órgãos genitais externos das escravas, jovens e mulheres disponíveis. A verdade é que não pareciam estar muito curiosos acerca dos sinais que atestam a virgindade.

Primeiramente, eles acreditam conhecê-los. A diferença entre os sexos decorre, em seu entendimento, de uma perfeita evidência, alimentada por um saber não apenas empírico, mas, principalmente, "filosófico". Primeira convicção: uma vez que a fêmea humana tem por função essencial gerar filhos, seu corpo é necessariamente aberto em baixo para receber a semente fecunda do macho e para deixar o pequeno sair. Apenas a barreira colocada na entrada do útero serve para reter o esperma e segurar o feto durante a gestação. As mulheres e as meninas têm duas bocas simétricas, uma embaixo e a outra em cima, que se abrem para dutos internos. As mulheres devem usá-las com reserva e moderação. A boca de baixo deve ser reservada para o marido, a quem cabe a iniciação da relação conjugal. Para a boca do alto, convém não comer muito, não beber vinho, não participar de banquetes e manter o silêncio na presença dos homens enquanto eles não lhes dirigirem a palavra!

Outra convicção: os médicos superestimam a quantidade de sangue perdido no momento da menstruação; eles a avaliam em dois *cótilos*, ou seja, pouco mais de meio litro, ao passo que na realidade trata-se de seis ou sete vezes menos. As perdas copiosas confirmam a natureza limpa da mulher, corpo "úmido", esponjoso, pletórico, caracterizado pela superabundância de humores. O sangue das regras só pode ser abundante: retido durante a gravidez, ele servirá para constituir o feto; transformado em seguida em leite, ele alimentará o recém-nascido. Esses excessos líquidos justificam a situação social das mulheres, que devem ficar confinadas. Para as virgens, o sangramento significa sua aptidão para a maternidade: sua profusão é sinal de boa saúde. Em caso de atraso na menstruação, o melhor remédio é o coito. Não é feita nenhuma alusão a qualquer ruptura no momento da penetração.

A saúde das meninas e mulheres está relacionada ao bom funcionamento de sua capacidade reprodutiva. Pode acontecer de a vagina estar obstruída, impedindo a consumação do casamento. Trata-se de uma patologia rara, julgada temível, pois pode provocar crises de epilepsia (o "mal sagrado") ou inspirar na paciente a tentação do suicídio. O médico então aconselha a parteira a amolecer o obstáculo empurrando uma bucha (composta de mel, sulfatos e resina) o mais longe possível; se isso não for suficiente, ela deve recorrer ao escalpelo. Além das malformações congênitas, as virgens podem sofrer de uma abstinência sexual prolongada, dificuldade que também atormenta as viúvas castas. Existem tratamentos farmacêuticos destinados a impedir os deslocamentos de um útero inativo, portanto, muito leve, mas o melhor remédio é uma cópula fecunda. Aliás, os médicos hipocráticos conhecem o clitóris e o veem como órgão do prazer feminino, o "servo que convida os hóspedes". Falam dele como de um instrumento para uso dos maridos, sem citar a masturbação. O gozo feminino deve ser estimulado, pois produz, dizem, uma semente propensa à fecundação.

A palavra "hímen" lhes é familiar e designa as membranas em geral: "os hímens revestem cada uma das partes internas do organismo, assim como a pele recobre e envolve o corpo inteiro. As mais extensas revestem o cérebro e o coração", assim escreve Aristóteles na *História dos animais*. Portanto, nenhuma alusão a uma membrana vaginal, ainda que a palavra *himeneu* evoque o casamento. "Hímen! Himeneu!": esse clamor, aliás, acompanha o cortejo que conduz a noiva até a casa de seu esposo. Essa proximidade linguística permanece até hoje sem explicação.

Por muito tempo, uma contradição relacionada ao aborto intrigou os historiadores: ao fazer o juramento de Hipócrates, todo médico se comprometia a não dar abortivo a uma mulher. Ora, os livros do *corpus* hipocrático propõem uma infinidade de receitas para "fazer as regras voltarem". A contradição é apenas aparente: deve-se ao fato de os antigos não compartilharem da nossa definição de aborto. De acordo com seu saber, um feto não é humano enquanto não se mexer; antes desse sinal, uma menina a uma mulher podiam tentar remediar a interrupção da menstruação, não sendo o remédio absorvido definido como abortivo. Outro dogma deve ser levado em conta. Como a mulher não é a principal responsável pela concepção, a criança em gestação não lhe pertence (exceto no caso das prostitutas), mas sim ao homem que deu sua semente: é a ele que cabe dizer se a criança deve nascer. Para a jovem que depende da autoridade paternal, cabe primeiro a seu pai decidir. Um médico não deve se tornar cúmplice daquela que age sem o conhecimento de seu pai, tutor ou marido; seria atentar contra o poder pátrio ou marital. É esse poder que convém preservar, mais que a vida do embrião. Dito de outra forma, uma *parthenos* poderia abortar com a aprovação de seu pai ou tutor, sem, entretanto, perder sua *parthenia*, desde que a família guardasse segredo. A *parthenia* hipocrática é uma virgindade sem hímen, suas características anatômicas não estão estabelecidas; entretanto, ela não está dissociada das relações sexuais, e, ao final, o indicador mais importante é a reputação da moça e sua família.

A EVOLUÇÃO DOS SABERES

Além de Hipócrates, é comum consultar Aristóteles. Esse grande filósofo, filho de médico, acreditava saber que as mulheres tinham menos dentes que os homens em razão de sua inferioridade original. Ele mal examinou a boca de cima, e nada diz de verdadeiramente novo sobre a boca de baixo. Seus ensinamentos tendem a reforçar a supremacia masculina. Aristóteles observa também que o orgasmo feminino não é necessário à fecundação, e conclui e que a "semente" feminina não passa de um líquido estéril e que o homem é, portanto, o único genitor.

Entretanto, é Herófilo, o principal fundador da Escola de Alexandria (séculos IV e III a.C.), que deve ser considerado o verdadeiro inventor da anatomia. Com Herófilo e seus discípulos a vontade de saber superou a intenção de cuidar. Eles multiplicam as autópsias e dissecações; primeiro, nos animais, especialmente nas macacas; depois, em cadáveres humanos; praticam até mesmo a vivificação dos condenados à morte. Entre suas descobertas capitais, pode-se colocar em primeiro plano a descrição dos órgãos genitais femininos internos, bem distintos do útero e considerados simétricos aos órgãos masculinos. Assim eles identificam os ovários como homólogos dos testículos. Se em um primeiro momento tais descobertas não conseguem superar os falsos saberes de Aristóteles, elas ao menos modificam consideravelmente o olhar médico e abrem caminho para novas interpretações. Todavia, os anatomistas de

A VIRGINDADE MÍTICA

Alexandria não parecem interessados na virgindade feminina, e será preciso esperar até o primeiro século de nossa era para ver uma evolução a esse respeito nos discursos acadêmicos. Soranos marca aqui uma etapa muito importante: ele é o primeiro médico a estabelecer uma relação positiva entre a virgindade e a saúde.

Soranos, o médico amigo das mulheres[2]

Originário de Éfeso, Soranos praticou a medicina principalmente em Roma, durante o reinado dos imperadores Trajano e Adriano. Dedicou muitos tratados à saúde das mulheres com o intuito de aperfeiçoar a formação das parteiras, que ele considerava cuidadoras completas. Seu ensinamento derruba alguns dogmas tradicionais do saber hipocrático ao afirmar claramente que as mulheres viveriam melhor se não fossem obrigadas a se casar e ter filhos; ele dissocia, portanto, a saúde delas da função maternal. A virgindade e a castidade absoluta são absolutamente saudáveis, escreve, inclusive para os homens.

Aqui ocorre, destaquemo-la, uma espécie de revolução cultural. O casamento e a maternidade constituíam até então o destino inevitável da fêmea do homem. Soranos os apresenta como uma obrigação exterior mal justificada, como uma ameaça ao bem-estar da mulher em particular. Soranos deseja apenas adular suas ricas clientes? Ou será que, nessa data, o sexo fraco quer ver reconhecida uma razão de viver que independa de sua fecundidade? Deve ser lembrado que na mesma época o cristianismo se propaga pelo Império Romano e recomenda às mulheres que recusem o casamento e a concepção e conservem piamente sua virgindade para oferecê-la a Deus (ver capítulo ”O islamismo”). Deve-se supor uma interação mais ou menos recíproca entre o olhar médico e a doutrina cristã? De nossa parte, nos contentaremos em destacar a importância de uma mutação cultural que se impõe tanto ao primeiro quanto à segunda: a atenção dada à virgindade feminina é o que dissocia a fêmea humana de sua função reprodutiva.

Outras inovações atribuídas a Soranos são o emprego da palavra "hímen", considerado uma membrana, para designar a vagina em sua totalidade, e a explicação para o sangramento que às vezes acompanha a defloração: a vagina das virgens é estreita, sobretudo na entrada, e formada por pregas. A partir da puberdade, ela passa a ser intensamente irrigada por vasos sanguíneos; a introdução repentina, por vezes brutal, do membro viril estica as pregas e pode romper os vasos sanguíneos. Por outro lado, Soranos nega a existência de uma membrana fina que faça a barragem transversal da vagina; não se encontra nada disso quando se faz um exame, afirma ele, e não se vê nada semelhante nas dissecações. Eis aí uma crendice popular contra a qual ele adverte as parteiras. Aliás, na parte em que lhes explica como examinar o recém-nascido para se assegurar de que é normal, ele as convida a examinar as aberturas naturais do corpo feminino, sem mencionar o hímen oclusivo. Ignora-se a opinião das parteiras. Quando preconiza o que chamaríamos de exame pré-nupcial, ele não prescreve minimamente a procura por sinais anatômicos da virgindade da futura esposa. O que se quer saber é se ela tem boa saúde, se é capaz de conceber e dar à luz; é preciso também conhecer sua família e fortuna, caráter e caprichos. Os ensinamentos desse médico amigo das mulheres foram conservados e transmitidos essencialmente no meio feminino entre as parteiras e mulheres grávidas ou parturientes. Encontraremos seus vestígios até o início do século XX.

Galeno e a simetria dos sexos

Galeno, originário de Pérgamo, exerceu e ensinou medicina em Roma no tempo do imperador Marco Aurélio com grande sucesso. Formado não apenas em Alexandria, mas também junto aos grandes médicos de seu tempo, ele multiplicou as dissecações, principalmente de macacos e macacas. Os tratados e artigos que redigiu, sobre todos os assuntos, se contam às centenas; muitos se perderam.

Sua descrição dos órgãos genitais femininos externos é precisa e detalhada. Ele atribui ao clitóris e aos lábios uma função essencialmente protetora, sem aludir à sensibilidade do clitóris. O fato de esse grande sábio não se referir em momento algum ao hímen vaginal por muito tempo confirmou aos olhos do corpo médico a inexistência dessa membrana. Se uma jovem é "forçada", afirma Galeno, basta aplicar-lhe um unguento perfumado para reparar os ferimentos. Notemos, entretanto, que se encontram menções ao hímen em textos literários tardios,[3] que evocam uma membrana vaginal rompida na noite de núpcias – aparentemente, o saber médico não convenceu a todos... Quanto aos órgãos internos, Galeno os assimila aos dos homens: os ovários correspondem aos testículos; o útero, ao escroto; a vagina, ao pênis. Todos estão no interior do ventre feminino para melhor assegurar a proteção do embrião e do feto. Essa simetria invertida implica a igualdade dos sexos em matéria de procriação? Galeno não chega a tanto. Uma vez que a mulher é inferior ao homem, a semente fabricada por seus ovários é forçosamente menos ativa.

Precisemos aqui que Galeno também foi um grande filósofo que se pode qualificar de finalista. Aos seus olhos, a natureza, prudente e racional, protege a vida que criou. A existência e o funcionamento de todos os nossos órgãos se explicam por essa intenção original. Galeno crê, aliás, em um Deus único. Sua crença lhe atraiu a simpatia das primeiras igrejas cristãs e facilitou grandemente a difusão e a transmissão de seu ensino. Ele brilhará como uma estrela guia sobre a Medicina ocidental até o século XVII.

A longevidade da ciência médica antiga se explica pelo fato de ela se adequar bastante bem à representação das sociedades patriarcais. Ela oferece uma descrição anatômica bastante vaga e pouco assertiva da virgindade feminina. Não foram os gregos que inventaram o fetichismo do hímen. Na verdade, as primeiras definições da virgindade feminina não tinham a ver com anatomia, mas com religião. Era a verdade no tempo do politeísmo; continuará a sê-lo no tempo do monoteísmo.

Notas

[1] Nas obras do *corpus* hipocrático, ver *Natureza da mulher, Doenças das mulheres* e, sobretudo, *Doenças das jovens*. Além das obras já citadas, ver também D. Gourevitch, *Le Mal d'être femme ou La femme et la médecine dans la Rome antique*, Paris, Les Belles Lettres, 1984, e "Le médecin, l'hymen et l'utérus", *L'Histoire. Les femmes. 5.000 ans pour l'égalité*, 2000, n. 245. Agradeço a Danielle Gourevitch que me ajudou a encontrar as referências.

[2] Soranos, *Traité des maladies des femmes*, Paris, Les Belles Lettres, 1988, 2000 (2ᵉ éd.).

[3] Ver D. Gourevitch, "Le médecin, l'hymen et l'utérus", art. cit., nota 1.

A POLITIZAÇÃO DO CORPO FEMININO

Os gregos inventaram a ciência médica moderna observando o corpo humano, doente e são. Todavia, suas observações são conduzidas à luz de um princípio essencial: o corpo da mulher, inferior ao do homem, é destinado ao parto. Esse dogma orienta todas as investigações gregas. Para falar como feminista, seria possível dizer que então o "gênero" já definia o sexo. De igual modo, os mitos gregos e latinos apresentam imagens orgulhosas da virgindade feminina e, ao mesmo tempo, traduzem um imaginário tanto da igualdade (as deusas, virgens ou não, são tão poderosas quanto os deuses) quanto da desigualdade (apenas elas permanecem virgens); sem contar que, além da relação entre os sexos, os mitos podem ter outras significações – a virgindade coincide com a adolescência, passagem delicada da infância para a idade adulta; Artêmis vela pelo crescimento e pela puberdade; Atena conduz os aprendizados, sua proteção tranquiliza pais e educadores...

Na Antiguidade, as virgens mortais eram honradas como promessa de vida; seu valor e dignidade residiam em sua capacidade de parir a serviço da cidade e das linhagens masculinas. Corpos intactos, mas férteis, elas encarnam, ao mesmo tempo, a integridade e imortalidade da cidade. Entretanto, as filhas de Pandora não alcançam a dignidade de virgem senão por alguns breves anos; fecundadas, precisarão de proteção e seus filhos não lhes pertencerão. Sua dependência futura legitima a dominação masculina.

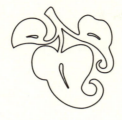

SEGUNDA PARTE
A GLÓRIA DE DEUS E O VALOR DAS VIRGENS
OS MONOTEÍSMOS

O monoteísmo elimina todas as deusas. Pode-se dizer de igual modo que ele desmistifica a virgindade feminina? Certamente não; antes favorece a emergência de novas interpretações. Aliás, o monoteísmo se apresenta no Ocidente sob a forma de três confissões: o judaísmo, o cristianismo e o islamismo, que, em relação ao tema de que nos ocupamos, traçam perspectivas bem diferentes.

O judaísmo[1]
A autenticidade da filiação

Na constituição do monoteísmo, os judeus desempenharam um papel fundador. Sua principal revelação é o fato de Deus ser puramente espírito; não ter corpo ou sexo. As deusas desaparecem e com elas a dimensão divina do feminino. A virgindade feminina não está mais no rol de mitos fundadores. Deus é, ao mesmo tempo, homem e mulher? Em todo caso, muitos profetas (Oseias, Isaías) atribuem a Jeová uma sensibilidade bastante maternal. Como quer que seja, o Deus único representa o absoluto, a transcendência; a comunicação entre o humano e o divino transfigura-se. E, se o amor humano respeita certas regras, ele abre ao homem e à mulher as vias da santidade. Mas, então, o que acontece à menina que vai se tornar mulher?

A SACRALIZAÇÃO DO CASAL

A Bíblia sacraliza o casal. Como vimos, os gregos haviam imaginado uma idade do ouro em que tudo se passava entre homens, antes da criação de Pandora. Por outro lado, segundo o Gênesis, a espécie humana foi criada na forma de um casal, unido pelos séculos dos séculos. A importância que o judaísmo atribui a esse elo, o mais sagrado de todos, é assim revelada já nas origens. No tempo do profeta Oseias, Israel se autodenominava a "esposa de Jeová".

De resto, a segunda narrativa do Gênesis é perfeitamente clara: "macho e fêmea os criou", com um único gesto, no mesmo instante. Se eram virgens, deixaram de sê-lo simultânea e imediatamente. Para os judeus, a inocência original não está dissociada da relação amorosa. O pecado original é uma simples desobediência. Deus havia proibido o primeiro casal humano de comer o fruto da árvore do conhecimento. Eva, tentada pela serpente, convenceu Adão a experimentá-lo. Eles, então, constataram que estavam nus, descobriram juntos a diferença entre os sexos, a intensidade do desejo que os atraía um para o outro e a necessidade de contê-lo. Isso não significa, em hipótese alguma, que essa relação seja má em si. O fruto proibido proporcionou, sobretudo, ao homem e à mulher o *conhecimento* do bem e do mal, o discernimento. Diferentemente dos animais, eles receberam a liberdade de escolher entre um e outro. Escolha frequentemente difícil.

A virgindade feminina não encontra aqui nenhuma significação moral. A atração recíproca entre homem e mulher faz parte da criação divina. Sua finalidade é, primeiramente e de forma explícita, proporcionar prazer. A procriação só vem depois, se Deus a quiser. Realizada com boas intenções, a união dos corpos não afasta a espiritualidade; ao contrário, aproxima de Deus. Além disso, nada distingue a mulher e o homem na ordem do gozo. É o esplêndido testemunho de um dos textos mais impressionantes da Bíblia, o "Cântico dos cânticos", canto alternado de amor em que, por episódios, ouve-se diretamente a voz de uma mulher. A Sulamita ainda não está casada; seus irmãos, que se acreditam responsáveis por ela, a procuram para proteger sua virgindade; eles lamentam sua conduta. Mas essa mulher apaixonada apenas conhece, ou quer conhecer, o desejo ardente que a habita; ela descreve com realismo as carícias que recebe e as que concede, maravilhando-se com a alegria intensa, carnal e afetiva que as trocas com seu bem-amado lhe proporcionam. Parece, entretanto, que permanece virgem: "minha bem-amada é um jardim bem fechado, uma fonte selada".

Esse texto carregado de erotismo levantou um problema: ele deveria ser incluído no cânone bíblico, dado que nele não há qualquer alusão a Deus? Sua inclusão foi legitimada pelo fato de ter sido interpretado como uma alegoria do amor entre Deus (o noivo) e Israel (a noiva); jamais a expressão do desejo e do prazer foi criticada. Assim como a relação entre Deus e Israel é santa, também a relação carnal entre o homem e a mulher encerra um potencial de santidade. Não existe nenhuma barreira entre o corpo e a alma, entre o amor humano e o divino. Nos melhores casos, o amor do casal é sentido como uma purificação, uma exaltação moral. A exemplo da mística religiosa, o amor oferece uma transcendência, uma via de acesso em direção ao absoluto. O judaísmo jamais valorizou a castidade nem a virgindade; sempre aceitou o amor livre (fora do casamento) com a condição de que seja sincero e recíproco.

A SUBORDINAÇÃO DAS MULHERES

Em termos de relações carnais, os fundamentos do judaísmo são liberais e igualitários. Em contrapartida, no espaço familiar e social, a dominação masculina é afirmada com força. De fato, a terceira inovação capital do monoteísmo judeu é uma justificativa original da subordinação feminina. A primeira narrativa do Gênesis, a mais antiga, dá prioridade ao homem na ordem da criação. Adão foi concebido primeiro, a partir da terra. Deus não achou bom que o homem estivesse só; então o fez dormir e de sua costela, ou lado, fez nascer a mulher e a deu ao homem como companhia. Ela foi, portanto, criada para ele, para sua felicidade e seu serviço, e para lhe assegurar uma progenitura. As duas versões do Gênesis continuaram a coexistir: conforme as épocas, os locais, os meios, uma ou outra prevaleceu entre os crentes.

Todavia, algumas consequências importantes foram tiradas da versão antiga. O texto acusa a primeira mulher de ter induzido o primeiro homem a cair em tentação e, por isso, ela é punida com o que lhe cabe na procriação, a começar pelas perdas de sangue que a mancham regularmente. Os judeus conceitualizaram fortemente a menstruação,[2] designada pela palavra *niddah*, que significa, ao mesmo tempo, "impureza" e "separação". A mulher se separa da comunidade durante o tempo de suas regras para não incomodar seus próximos e se submete a um rito de purificação antes de retomar seu lugar. Para uma mulher casada, o ideal é encadear uma gravidez na outra durante o tempo de amamentação, de maneira a não mais menstruar. As meninas púberes devem se casar e ser fecundadas para ficarem livres da imundície; consequentemente, o casamento precoce é um bem. Durante a espera, a menina é uma preocupação para seu pai: "Ele teme, diz o Eclesiastes, que ela se corrompa enquanto é virgem e seja encontrada grávida na casa paterna".

Na Antiguidade, todas as sociedades eram patriarcais, e os hebreus não eram exceção: um judeu se considera proprietário da mulher que desposar e dos filhos que ela colocar no mundo. A poligamia (poligenia) foi por muito tempo permitida: os reis Davi e Salomão mantiveram haréns bastante povoados. O chefe da família podia emancipar seus filhos, mas não suas filhas, que jamais dispunham de seus próprios corpos – o pai as dava em casamento após negociar com os eventuais pretendentes. Aliás, o nascimento de uma menina era celebrado muito mais discretamente que o de um menino. Nenhum ritual comparável à circuncisão a integrava na aliança entre Deus e Israel; o casamento com um esposo judeu constituía para ela a única forma de integração social ou, ao menos, a melhor. As filhas de Eva não eram mais que objetos à disposição dos homens – objeto precioso, certamente, frequentemente querido e tratado com cuidado, mas sempre à mercê.

A VIRGINDADE E O SANGUE

Por muito tempo, não existiu nenhum termo, em hebraico, para designar a virgindade e tampouco o hímen. A inexistência de terminologia indica a ausência de qualquer saber concernente aos órgãos genitais. O que chamamos virgindade talvez tenha sido pensado inicialmente de forma negativa. A menina que vai casar, a *betoulá*, é aquela que jamais foi penetrada por um homem. O marido abre o vaso e o enche o mais breve possível. Todavia, se o selo é imaterial, invisível, como ter a prova de que a noiva está intacta?

Por volta do século VII antes da nossa era, o sangue surge como prova em uma passagem do Deuteronômio (capítulo XXII). Trata-se de um marido que quer repudiar sua jovem esposa porque, diz ele, no momento das núpcias ela não tinha os *betoulim*, palavra que foi traduzida por "sinais de virgindade". O que isso quer dizer? Até então, ao que parece, confiava-se nas "provas" apresentadas pelos pais. Como a data das núpcias era fixada após as regras da noiva, sua mãe guardava os lençóis manchados pela última menstruação para provar que a filha não estava grávida. O pai dizia: "Aqui está o sinal de sua virgindade". Entretanto, o marido citado no Deuteronômio exprime uma exigência totalmente diferente: privado dos *betoulim,* ele se indigna por não ser o primeiro a penetrar sua esposa. Esse tipo de conflito logo se torna bastante frequente, fazendo com que os anciões, os sábios, sejam requisitados para resolvê-lo.

De acordo com a Torá, se o marido mentiu (mas como verificá-lo?), ele deve ficar com a esposa e entregar uma grande soma aos pais dela por ter maculado a honra de uma virgem de Israel e de sua família. Se o marido disse a verdade (mas, de novo, como comprová-lo?), a culpada é levada para a frente da casa de seu pai para ser apedrejada até a morte. Na verdade, o apedrejamento não ameaçava verdadeiramente senão aquela que tinha tido relações sexuais quando já estava noiva, o que equivalia a um adultério, mas ela podia estar noiva desde sua primeira infância…

Essas disposições estão longe de ser claras. Elas teriam sido copiadas de outros povos orientais? Em todo caso, parece evidente que vão ao encontro da preocupação masculina de colocar a sexualidade feminina sob um controle estrito, com o objetivo de assegurar a autenticidade da filiação: o marido quer ter certeza quanto à sua prole. Para o bem da causa, o tipo de sangue muda: o da menstruação é substituído pelo da defloração. Não se trata de modo algum do que chamamos "hímen", mas para que haja sangue é certamente preciso que um tecido vivo seja rasgado. Na verdade, o sangue é frequentemente imaginário; sabe-se hoje que a primeira relação só provoca um sangramento substancial se for particularmente brutal ou se a vagina tiver sido mal lubrificada, o que acontece quando a mulher é tomada à força ou sem preparação. Como quer que seja, é sem dúvida em circunstâncias dessa natureza que a defloração com sangue é transformada em emblema, se não prova, da virgindade feminina. A defloração com sangue tem todas as aparências de uma satisfação masculina.

A VIOLAÇÃO

A partir daí, a significação simbólica da virgindade passou a ganhar uma importância cada vez maior, como atestam as leis bastante complexas relativas ao estupro. A violação é um assunto de homens, que se resolve entre homens, segundo a lei do talião. A pessoa a ser indenizada não é a vítima; é o pai ou o senhor (caso se trate de uma serva ou escrava), o noivo ou o marido. O estupro é um atentado bastante grave à propriedade de um ou vários homens.

As leis levam em consideração uma enormidade de condições. Se a vítima é de condição servil, o culpado paga ao senhor uma indenização em dinheiro. Se é livre, há duas possibilidades: primeira, ela foi agredida na cidade, isto é, em um contexto em que podia pedir socorro, e se não o fez é porque é cúmplice; seu sedutor e ela se sujeitam à pena de morte. Mas o sedutor pode propor uma compensação financeira e então o pai trata sua filha como quiser; frequentemente, ele a dá em casamento ao sedutor. Segunda possibilidade: a vítima é forçada em um local afastado, em que não pode receber nenhum socorro. Aqui existem novamente duas alternativas: se o culpado for solteiro, pode pagar uma grande compensação e receber a vítima como esposa, sem que ela possa dizer o que quer que seja; se for casado, sua mulher é entregue ao pai, que pode prostituí-la, desonrá-la, segundo a lei do talião: "Tu desonraste minha filha, eu desonrarei tua mulher." O culpado deve, além disso, desposar aquela que violou, sendo a união indissolúvel e o divórcio impossível. São, portanto, duas mulheres inocentes que sofrem as consequências. Enfim, se a vítima já estava prometida, o crime se equipara ao adultério: não somente o pai da menina foi lesado, mas também o futuro marido; o culpado pode ser condenado à pena de morte.

Uma narrativa lendária esclarece ainda melhor tudo o que está em jogo na violação, em termos sociais e simbólicos. Trata-se da história de Diná, filha de Jacó e Lia. Ao chegar com seus pais a Salem, no país dos heveus, Diná sai de sua tenda por curiosidade. Siquem, governador da região, a vê, a rapta e a viola. Os irmãos de Diná ficam indignados, mas Jacó aceita as ofertas de Hamor, pai de Siquem, que não somente pede Diná como esposa para o filho, como também propõe uma aliança mais ampla: "Dai-me vossas filhas e desposareis as nossas. Permanecei na região, explorai-a conosco." Os irmãos de Diná colocam como condição que os homens de Salem se circuncidem; condição aceita. Aproveitando a indisposição de todos os homens, os irmãos de Diná matam Siquem e seu pai e depois todos os habitantes de Salem, apossando-se de suas riquezas. Jacó, ensandecido, deserda os instigadores da rebelião, seus filhos Simeão e Levi.

O conflito entre Jacó e seus filhos assinala uma importante evolução nos costumes e representações. Jacó havia aceitado uma reparação pelo ultraje sofrido por Diná; seus filhos a recusaram com uma última violência. Haviam tratado sua irmã como prostituta; nenhum casamento poderia começar com um estupro; ele deve ser precedido de atos jurídicos e juramentos cerimoniais. Esses judeus agem como se toda a família, todo o povo, tivesse sido vítima de um abuso de poder e de uma humilhação intoleráveis. Eles querem proteger suas irmãs, filhas, mulheres e não toleram que outros se apossem delas. Assim afirmam sua igualdade perante seus vizinhos. Recém-chegados, eles têm que reforçar sua coesão para melhor assegurar sua identidade. Mais tarde, os rabinos comentaram essa história condenando Diná, cuja curiosidade tinha sido a origem do drama. Eles recomendaram que as meninas e as mulheres ficassem trancadas em um espaço pequeno e fechado: cabia a elas dissimular seu charme para prevenir qualquer tipo de sedução. O uso do véu se impõe pouco a pouco.

A EDUCAÇÃO E A CRIAÇÃO DAS MENINAS

A educação das meninas depende, sobretudo, de sua mãe, que deve lhes mostrar como servir ao chefe da família, cuidar da casa, educar os filhos. Entretanto, o pai conserva uma responsabilidade maior e uma autoridade absoluta. Da Lei, uma menina só aprende o que diz respeito ao estatuto das mulheres, às impurezas, aos rituais, às cerimônias, à celebração das festas. Nada proíbe o pai de ensinar a Torá à sua filha, mas nada o impõe e nada a obriga a estudar. Muitos rabinos desaconselham firmemente que a menina estude. Aquelas que amam o estudo jamais se privam dele, mas sabem que sua única vocação é o casamento e a procriação. Os jogos sexuais das crianças, a masturbação feminina e o lesbianismo não são mencionados. É verdade que os homens que fazem as leis nem sempre vivem na intimidade das mulheres e crianças. Aliás, essas práticas parecem desprovidas de importância, uma vez que não têm, acredita-se, nenhuma consequência sobre a virgindade ou a reprodução.

A maioridade da menina é fixada aos 12 anos, para supostamente coincidir com a puberdade, e autoriza o casamento – para o menino a maioridade ocorre aos 13 anos. Entretanto, nada impede o pai de noivar sua filha mais cedo; na verdade, já no nascimento, sem precisar consultar seus filhos para casá-los. A vinda da menstruação revela que "o figo está maduro". O sangue que corre é impuro e precisa ser estancado o mais breve possível pela fecundação. A menina que vai casar não deve ter conhecido nenhuma relação carnal, pois a pureza é muito valorizada no mercado matrimonial – o pai fixa o preço e recebe o ganho. Em caso de conflito, se o marido reclamar por não ter encontrado sua mulher intacta e demandar uma indenização, os anciões atuam como juízes, como se viu. Os judeus veem na virgindade de suas filhas uma garantia da pureza das linhagens. Ao que parece, atribuem uma importância cada vez maior às genealogias. A de Jesus foi cuidadosamente elaborada por dois evangelistas, Mateus e Lucas. Lembremos que os judeus se preocupam pouco com o além: a vida terrestre conta mais: sua vontade de sobreviver se exprime sobretudo pelo desejo de gerar uma bela descendência.

A Bíblia oferece algumas imagens perturbadoras da relação pai-filho; por exemplo, as histórias de Ló e de Jefté. Tendo decidido castigar Sodoma e Gomorra, cidades corrompidas, Deus envia dois mensageiros à casa de Ló, sobrinho de Abraão, para lhe dizer para deixar o lugar. Ao saber da presença dos visitantes, os moradores da cidade vão exigir de Ló que os faça sair. Este, temendo que os maltratem, oferece suas filhas: "Tenho duas filhas que ainda não conheceram homem, eu as entrego, façam com elas o que quiserem, mas não toquem naqueles que abrigo sob meu teto." O narrador não toma partido, parece achar normal que as filhas de Ló sirvam como moeda de troca para comprar a tranquilidade do pai... A outra história é a de Jefté. No tempo dos Juízes, ele é um valente guerreiro que ao sair para a batalha faz um juramento ao Eterno: "Se me deres a vitória, quando eu retornar vencedor oferecerei em holocausto a primeira pessoa que sair de minha casa para me receber." Jefté ganha a batalha. Quando retorna, sua única filha vem a seu encontro para festejá-lo com tamborins, cantores e dançarinos. Tomado de horror, ele rasga suas roupas e manifesta sua dor. Ao ser comunicada do juramento solene de seu pai, a jovem não faz qualquer protesto; apenas pede dois meses para se retirar com suas companheiras para a montanha e chorar sua virgindade. Na verdade, ela quer fazer o luto de sua vida de mulher. Como aceitar morrer sem ter podido se realizar no casamento e na maternidade? Mais amplamente, o celibato não tinha nenhum sentido, nenhum valor para as filhas de Eva. Apenas o casamento abre, ao mesmo tempo, as vias da santidade e da procriação. Também para o menino o casamento é quase obrigatório por volta dos 18 anos. As exceções, bastante raras, dizem respeito apenas aos grandes profetas e alguns sábios virtuosos que desejam ficar livres das preocupações familiares para se dedicar inteiramente ao estudo.

Talvez nos tempos mais antigos a união carnal bastasse para consumar o casamento, mas o Talmude incentivou uniões mais formais: um contrato, uma troca de presentes. No momento da cerimônia, ambos os cônjuges devem, em princípio, dar seu consentimento, mas, para a noiva, seu silêncio basta. A fim de identificar a progenitura, a linhagem paternal foi por muito tempo privilegiada; a linhagem maternal só foi reconhecida tardiamente, com o objetivo de evitar certas consequências da diáspora: "o filho que tens com uma mulher de Israel é teu filho; o que tens com uma pagã não o é", o que alguns traduziram abusivamente pela fórmula "se é judeu pela mãe".

OS FATORES DA MUDANÇA

Por muito tempo, Israel foi um povo pequeno, cercado de vizinhos idólatras. Seus profetas sempre temeram vê-lo cair no paganismo. Em diversas épocas, comunidades de homens pios praticaram o celibato temporário para pregar nas cidades e vilarejos dispersos. Foi o caso dos essênios; depois, de Jesus e seus discípulos. Observadores romanos ficaram surpresos ao ver esses grupos de homens castos, na Palestina, frequentemente vestidos de branco, dirigindo-se não somente aos homens livres, mas também às mulheres e aos escravos.

Após a tomada de Jerusalém pelos romanos, em 70, e sobretudo após a expulsão dos judeus, a migração tem início. As comunidades judaicas entram em contato não apenas com as populações pagãs e politeístas, mas também com os cristãos, que acreditam igualmente em um Deus absoluto, eterno, todo-poderoso, único Criador. A proximidade, o contágio, a osmose, se tornam ainda mais temíveis. Inúmeros judeus se tornam cristãos, a exemplo de Paulo de Tarso. Outros, os que querem conservar as tradições judaicas, dão aos rabinos, defensores da Lei, um lugar de primeiro plano. Eles são consultados para tudo. Pouco a pouco, fazem da religião um privilégio masculino. Assim, o estatuto social e simbólico da virgindade se vê reforçado, ainda que seu valor moral permaneça insignificante.[3]

Notas

[1] P. Bebe, *Isha. Dictionnaire des femmes et du judaïsme*, Calmann-Lévy, 2001; J. Eisenberg, *La Femme au temps de la Bible*, Stock, "Laurence Pernoud", 1993; A. Tsitrone, "Sexe et mariage dans la tradition juive", *Sexualité et religions*. Textos reunidos por Marcel Bernos, Le cerf, 1988.

[2] E. Marienberg, *Niddah. Lorsque les juifs conceptualisent la menstruation*, Paris, Les Belles Lettres, 2003.

[3] Agradeço a Michèle Bitton, que gentilmente releu este capítulo.

O cristianismo
A sublimação espiritual

Em relação à virgindade, o cristianismo é duplamente revolucionário: de um lado, a transfigura conferindo-lhe um valor eminente, de ordem moral e espiritual; de outro, declara que ela é preciosa tanto para homens quanto para mulheres. Jesus Cristo, modelo por excelência, jamais teve vida conjugal ou procriou. Ele convidou seus discípulos (que eram casados, à exceção de João, muito jovem) a deixar tudo para segui-lo. O mais estranho é que se dirigia às mulheres como se elas fossem homens: a que "escolhe a melhor parte" não é a que serve a um marido, se torna mãe e tem uma família, é "a que ouve a palavra de Deus e a guarda".

A INVENÇÃO DA "CARNE"[1]

Paulo de Tarso, maravilhado pela revelação que recebeu perto de Damasco, pregou a nova religião com o entusiasmo de um convertido. De alguma forma, ele inventou a sexualidade, que denominou "a carne" e à qual atribuiu uma culpa maior. O corpo humano, criado por Deus, deve ser honrado, mas a carne (o apetite sexual) mantém os humanos próximos aos animais. Os que ainda não conheceram nenhuma relação carnal farão bem de se abster definitivamente; a virgindade é uma graça, uma bênção, uma virtude celeste. A continência não é mais uma simples preservação de saúde, é primeiro, e antes de tudo, uma elevação da alma em direção a Deus enquanto se espera o advento próximo do Reino.

Para as mulheres, essa doutrina acarreta uma reviravolta inesperada de sua condição, pois as convida a recusar o casamento e os pesados encargos da reprodução e a dispor de seu próprio corpo, tão frequentemente qualificado de impuro, para alcançar uma pureza perfeita, a santidade. Muitas se apressam em escolher essa via. Elas o fazem com desprendimento, principalmente pelo fato de Paulo pregar também uma doutrina igualitária. O batismo, purificação iniciática, e a eucaristia, partilha simbólica do pão, apagam as antigas diferenças: não haverá mais judeus nem pagãos, mestres nem escravos, homens nem mulheres. As filhas de Eva veem aí uma emancipação, uma iniciação para caminhar lado a lado com os homens, no mesmo passo. A exaltação da virgindade também tem consequências familiares e sociais quase imediatas.

As primeiras a aproveitar essa oportunidade são talvez as viúvas que recusam o jugo de um novo esposo. A maior parte tem idade considerável. Algumas são ricas e colocam a totalidade ou parte de seus bens à disposição de sua Igreja;

as que têm menos posses oferecem seu tempo, suas habilidades, sua dedicação. Rapidamente adquirem uma influência não desprezível sobre as novas comunidades. As mais novas permanecem dependentes do poder paterno, mas agora um pai cristão hesita em dar sua filha em casamento a um pagão, mesmo que este continue a ser amigo da família. Por sua vez, as que são mais devotas recusam com toda a energia desposar um não batizado.

A pregação de Paulo faz com que o número de virgens cresça rapidamente. A maior parte permanece com seus pais e procura preparar na própria casa da família um local de recolhimento e prece. Algumas descobrem em si mesmas qualidades apostólicas: por exemplo, em Cesareia, Felipe, anfitrião e amigo de Paulo, é pai de quatro jovens virgens que profetizam. De fato, o dom profético das jovens e mulheres se afirma vigorosamente já nas primeiras conversões. Mais tarde, durante as perseguições, algumas jovens preferirão o martírio ao casamento.

A VIRGINDADE ESPIRITUAL[2]

Entre os hebreus e gregos da Antiguidade, a virgindade voluntária não era ignorada, mas era sobretudo masculina, justificada por argumentos filosóficos. Era uma exceção. Por isso, a conduta dos cristãos causou espécie em todo o Império Romano desde o começo do século II. É o que testemunha, dentre outros, o médico grego Galeno, citado no capítulo "As mortais", que registra, surpreso:

> [Os cristãos] realizam ações semelhantes às de verdadeiros filósofos. Que desprezam a morte, todos vemos com nossos olhos; mas, do mesmo modo, por pudor, se abstêm dos prazeres venéreos. Há entre eles mulheres e homens que se privam durante toda a vida de relações carnais.

Entre o final do século II e o final do século IV, a virgindade foi objeto de uma literatura abundante e original: uma dúzia de tratados, aos quais se somam epístolas, homilias, sermões e outras exortações. Em relação aos debates sobre a natureza do Cristo, realizados na mesma época, é escassa, entretanto, muito significativa. Quem está de fora tem a impressão de ver nascer um gênero literário novo, que trata de um tema da moda, em termos mais ou menos estereotipados. De fato, esses discursos respondem a uma forte demanda; têm um público numeroso e curioso. Escritos por homens, na verdade se dirigem, sobretudo, às mulheres. O substantivo "virgem" então designa apenas mulheres e se transforma em qualificativo ao referir-se aos homens. Salvo engano, apenas Clemente de Alexandria, Orígenes e Gregório de Nissa, todos gregos, desprezaram por vezes a diferença entre os sexos.

Esses homens têm tanta certeza do advento próximo do Reino (a Parúsia), que os devotos desejam acabar com a reprodução de uma raça decaída. E mesmo depois, quando essa grande esperança se extingue, querem "purificar" os costumes dos convertidos. Não tarda para que as altas funções da Igreja sejam reservadas a homens não casados. Os apóstolos da virgindade analisam com muita sutileza as relações do corpo e da alma, da carne e do espírito, do humano e do divino. No século III, os autores gregos ainda seguem o pensamento da filosofia platônica. Metódio, bispo de Olimpos, na Capadócia, chega ao ponto de dar a seu livro o título de *O banquete ou as dez virgens*. Nele, Sócrates e seus amigos são substituídos por dez jovens mulheres que fazem apologia da virgindade. No século IV, os escritores se distanciam da filosofia grega para meditar de maneira mais autônoma e revelam uma notável aptidão para a introspecção e a observação psicológica. Os mais místicos creem ser possível fazer advir uma nova mulher e um novo homem capazes, com a ajuda de Deus, de dominar as exigências do corpo. Eles se empenham com todas as suas forças em transformar as cidades pagãs em comunidades fraternas. João Crisóstomo (347-407), bispo de Antioquia, depois patriarca de Constantinopla, colocou sua célebre eloquência a serviço desse ideal.

As mesmas rubricas são encontradas por quase toda parte; talvez o texto mais completo seja o de Ambrósio (339-397), bispo de Milão. As admoestações são geralmente agrupadas em dois grandes temas: o casamento e a virgindade. Os Pais da Igreja não querem condenar o casamento mais que Paulo, mas competem entre si para ver quem melhor descreve os aborrecimentos que o matrimônio causa, às vezes retomando fórmulas misóginas já repisadas por escritores satíricos latinos. Mais inesperada é a crítica à fecundidade e à maternidade – os filhos nem sempre são bem-vindos no lar, pois perturbam penosamente o cotidiano dos adultos. Para apoiar essa crítica, um argumento demográfico, também inesperado: o mundo já está suficientemente povoado, não é mais necessário fazer filhos. Essa descoberta contribui para a liberação das filhas de Eva.

Os capítulos que louvam a virgindade são cada vez mais elaborados. Não basta, dizem os Pais da Igreja, recusar o casamento para encontrar as vias da santidade, pois é muito difícil conservar a virgindade a longo prazo. Basílio, médico e bispo de Ancira, atual Ancara, explica, em termos realistas, as emoções e tentações da carne; ele descreve os jogos sexuais das crianças e os problemas da puberdade. Todos os Pais da Igreja estão de acordo: caso se queira abster-se dos prazeres carnais, é indispensável atingir um domínio total do corpo. Deve-se comer unicamente para se alimentar, alimentos simples, sem preparo, em pequena quantidade; não beber vinho; vestir-se não para se enfeitar, apenas para se proteger do clima; dormir

A GLÓRIA DE DEUS E O VALOR DAS VIRGENS

pouco e sobre uma superfície dura; orar o mais frequentemente possível, inclusive à noite; trabalhar com as mãos e também ler, estudar, meditar, respeitar o silêncio para deixar a palavra de Deus amadurecer em si. A virgindade impõe, portanto, uma disciplina ascética em todos os instantes – é um modo de vida.

Diversos desvios de conduta a ameaçam. Alguns cristãos, homens e mulheres, acreditaram poder viver juntos "fraternalmente" ou como pai e filha. Os Pais da Igreja denunciam essa ilusão enfaticamente. Do mesmo modo, condenam com firmeza os religiosos que tomam meninas virgens a seu serviço. Caso se queira permanecer virgem ou casto, deve-se viver distante do outro sexo. Duro conselho. Outro erro fatal, ligado à heresia "encratista", que pregava um ascetismo rigoroso e recusava partes da Bíblia: desprezar seu corpo a ponto de deixá-lo ficar sujo, repulsivo, doente. O corpo humano, criado por Deus, merece cuidados. É verdade que nem sempre é fácil encontrar a justa medida entre o supérfluo e o necessário, entre um bem-estar aconchegante e mortificações abusivas. Consequentemente, é prudente ter em mente regras de vida muito estritas e apegar-se a elas a todo custo. Será mais fácil respeitá-las quando se vive em grupos, em comunidades de mulheres ou de homens bem separadas entre si.

Alguns Pais da Igreja falam muito abertamente das características anatômicas da virgindade feminina, nas quais não creem, porque se baseiam na ciência dos médicos gregos. Ambrósio fica indignado com a pretenção de ser verificar a virgindade por exames corporais: a suspeita é ofensiva, a mão exploradora pode induzir à tentação, além de essas verificações não serem dignas de crédito. Agostinho despreza e condena o pretenso saber das parteiras, praticantes ignaras e ordinárias. A virgindade, diz ele, é uma intenção moral – o que emancipa a mulher da autoridade paterna para aproximá-la da castidade e do celibato voluntários.

MARIA, VIRGEM E MÃE DE DEUS[3]

Entretanto, a virgindade física de Maria, mãe do Salvador, aos poucos se torna um marcador identitário do cristianismo em relação ao judaísmo. Na Antiguidade, não havia nada de extraordinário em uma virgem se tornar mãe; todas as religiões apresentam casos de nascimentos miraculosos. O que caracteriza Maria, no catolicismo, é sua imensa glorificação – uma modesta jovem judia torna-se o ser humano mais próximo do Deus todo-poderoso. É uma compensação pelo desaparecimento das deusas virgens? O processo é lento, mas contínuo, com momentos mais e menos intensos – ele reflete as aspirações profundas do povo cristão, que não cessaram de evoluir pelos séculos. As manifestações da devoção popular e as afirmações doutrinárias estão em diálogo permanente. Os dogmas, tardios, não se imporão senão no século XIX; por exemplo, o último, o da Assunção, data de 1950. O Concílio Vaticano II (1962-1965) marcará em seguida um tempo de interrupção (ver capítulo "Sobrevivências ou permanências").

Entre os autores dos evangelhos, Marcos e Mateus se limitam a citar a mãe de Jesus. João menciona sua presença em Caná e no Calvário. Apenas Lucas, que conta a infância do Cristo, a coloca em cena de maneira direta e pessoal, mas brevemente. Nenhum desses textos faz alusão à sua virgindade. Sobre essas bases modestas, a devoção popular desenvolveu uma mitologia abundante, que se exprime sobretudo nos Evangelhos ditos apócrifos, difundidos a partir do final do século I e ao longo do século II. A doutrina oficial foi elaborada em seguida, sob pressão das heresias: diante dos agnósticos, que veem Jesus como puro espírito, e dos adeptos de Ário, que negam a divindade do Cristo, os teólogos cristãos afirmam a dupla natureza do Messias, verdadeiro Deus e verdadeiro homem (Concílio de

A GLÓRIA DE DEUS E O VALOR DAS VIRGENS

Niceia, 325). Sua humanidade implica que ele tenha sido trazido, colocado no mundo e amamentado por uma mulher.

Escolhida por Deus, essa moça devia ser perfeitamente "pura", livre das "imundícies" de seu sexo. Sobre esse ponto, os debates doutrinais são de uma profusão desconcertante. O que estabelecem *in fine* quando do Concílio de Calcedônia, em 451, é a tríplice virgindade de Maria: antes do parto (*ante partum*), após o parto (*post partum*) e mesmo durante o parto (*in partu*). Talvez ela mesma tenha permanecido impúbere, uma vez que o sangue da menstruação é considerado impuro.

A cena da Anunciação inspirou os grandes artistas. Ela é impressionante: um anjo assexuado traz uma palavra divina fecundante. É a própria Maria que se declara virgem: "Não conheço homem algum." Ela aceita ser fecundada pelo Espírito Santo – seu "*Fiat*" é a própria expressão de sua fé e ponto de partida de toda a teologia mariana. Os Pais da Igreja a designam como "nova Eva". Paulo já havia estabelecido um paralelo entre Adão e Jesus, mas, no lugar de Eva, ele coloca a Igreja, ao passo que os autores do século II integram Maria em um novo começo da "história santa", o que confere à sua virgindade grande valor simbólico.

Por que o espírito santo escolheu essa humilde jovem que vivia numa província obscura do Império Romano? Ao final do século IV, os teólogos sugeriram que ela havia feito o "voto de virgindade" com o consentimento de José; logo, foi seu desejo de "pureza" que a teria tornado digna de ser a mãe do Salvador. Se a virgindade *ante partum* de Maria foi aceita de pronto, sua virgindade *in partu* e *post partum* representa um problema para os próprios Pais da Igreja, que por muito tempo ficaram divididos. Detenhamo-nos aqui para examinar o alcance do gesto de Salomé. Essa parteira incrédula verificou com seu dedo que Maria continuava virgem *após* o nascimento. Sua mão fica ressequida como punição pelo sacrilégio. Todavia, sua intervenção continua a ser altamente significativa: de um lado, nos lembra que as parteiras então dispunham de uma autoridade real no mundo das mulheres e de uma competência em obstetrícia reconhecida – sua palavra pesava mais que a dos médicos. Por outro lado, o dedo de Salomé encontrou intacta uma membrana que o parto deveria ter eliminado. O exame supõe, portanto, a existência do que mais tarde será chamado "hímen" – sua presença é a prova indiscutível da virgindade de Maria e de sua santidade. Ligado ao mistério da encarnação, o "hímen", "selo de pudor", é doravante sagrado. Por mais que tenha tentado, a ciência médica não eliminou esta convicção popular: o "véu de Maria" protege a virgindade feminina. Após hesitarem, os Pais da Igreja o confirmarão. Agostinho apresentará o nascimento de Jesus em paralelo à sua ressurreição e suas aparições posteriores: o Filho de Deus sabe transpor todas as portas fechadas.

Todos esses discursos tendem a dissociar Maria da mitologia greco-latina. Ela não deve ser confundida nem com as virgens altivas que, como Atena, se recusaram a procriar, nem com as belas mortais seduzidas por Zeus ou outro deus do Olimpo. Jesus não é um herói antigo comparável a Heracles. Maria tampouco deve assemelhar-se às deusas pagãs da fecundidade. O cristianismo foi pregado no momento em que o culto à Cibele ganhava novos adeptos; as grandes mães telúricas dispunham de poderes obscuros e temíveis. Maria não tem nada em comum com elas: não é mãe pela carne, mas pelo espírito; não transmite apenas a vida, mas também a fé. Na verdade, é a divindade do Filho que constrói a figura virgem da Mãe, de humildade e obediência perfeitas. O par Jesus/Maria, Filho/Mãe, suplanta, assim, o casal Adão/Eva.

A glória de Deus e o valor das virgens

Já na Antiguidade, Maria era o objeto de uma rica elaboração doutrinal que a "desjudaizou" e a distinguiu das deusas pagãs. A celebração de novas festas e a criação de liturgias apropriadas logo destituíram os modelos judeus e pagãos. Entre essas festas, destaca-se a Natividade da Virgem, celebrada a partir de meados do século VI, inicialmente no Oriente; ela coloca em cena os pais de Maria, Joaquim e Ana. Esta última, por muito tempo estéril, constitui o elo com algumas mães bíblicas – Sara, Rebeca, Raquel, Ana. Mas a "natividade" da mãe do Salvador não pode ser um "nascimento" comum; ela dá continuidade a uma "concepção" logo declarada "imaculada", sem pecado, sem concupiscência. Essa devoção popular talvez esteja ligada à invenção do "pecado original" por Agostinho. É admissível que a mãe de Deus tenha sido maculada e humilhada como qualquer filha de Eva? Todavia, o dogma da Imaculada Concepção só será proclamado bem mais tarde, em 1854 (ver adiante). A fecundidade espiritual do culto mariano então não mais cessará de brilhar e inspirar as maiores obras de arte em todas as áreas da criação – artística, musical, literária.

Acontece que, a partir de Maria, uma sombra se projeta sobre a psicologia feminina ligada à reprodução. A defloração, a fecundação e o parto são representados, mais que nunca, como imundícies, às quais o filho de Maria escapou porque "foi concebido do Espírito Santo". Segundo nossos modernos psicanalistas, as crenças refletem fantasias eternas e universais. O filho gosta de imaginar que sua mãe foi reservada exclusivamente para ele, que ela continua sempre virgem, sem copulações carnais e partos com sangue. Quanto à menina, talvez ela sonhe em conceber sozinha, sem sofrer o peso do macho. Mas por que essas fantasias se afirmam tão fortemente entre os séculos II e VI da nossa era? Até agora, nenhuma ciência humana propôs uma explicação.

AS ESPOSAS DO CRISTO

Um livro apócrifo do século II, o protoevangelho de Tiago, conta a infância de Maria como a de um ser predestinado. Com a idade de 3 anos, ela é levada ao templo, onde cresce, longe do mundo, reclusa no espaço sagrado. No mais profundo de si mesma, sua virgindade torna-se fonte de uma espiritualidade intensa e particular – ela foi preservada, prometida ao Cristo. Esse texto místico, que destaca o compromisso primeiro, o claustro absoluto, talvez tenha inspirado inúmeras vocações. O exemplo da Virgem Maria, inteiramente imaginário, é constantemente evocado pelos pregadores e escritores. Ele revolucionou todas as representações e práticas anteriores ao cristianismo. A virgindade, até há pouco um fator de sujeição para as filhas de Eva e de Pandora, se metamorfoseia, assim, em um potencial miraculoso de elevação moral e afirmação identitária.

Ao final do século II, surgem grupos de mulheres que decidem se separar do mundo para viverem reclusas em comunidade, submissas a regulamentos – mais tarde, serão chamadas de "monjas". Os bispos encorajaram essas decisões, que protegem o sexo fraco das agressões masculinas e das próprias fraquezas. Algumas jovens devotas, porém, preferem permanecer em seu lar e respeitar as regras à sua maneira. Umas e outras fazem questão de declarar publicamente seu compromisso em cerimônias cujos ritos se definem pouco a pouco. Todas se proclamam esposas do Cristo.

A expressão "esposa do Cristo" aparece ao final do século II e se torna corrente no século III. Ao que parece, ela se deve a Tertuliano, o primeiro grande teólogo de língua latina, que viveu em Cartago entre 150 e 240, aproximadamente. Pagão convertido, Tertuliano era casado, o que não o impediu de se tornar teórico da virgindade e apóstolo do ascetismo. Segundo Tertuliano, o corpo feminino é a "porta do diabo". Entre suas inúmeras obras, dois tratados – *Sobre a vestimenta das mulheres* e *Sobre o véu das virgens* – incentivam as filhas de Eva, tentadoras e pecadoras, a respeitar a mais perfeita modéstia. Numerosas são, então, em Cartago, as que se dedicam ao serviço de Deus, e Tertuliano se regozija com isso. Entretanto, no plano jurídico, o voto de castidade atenta contra a autoridade paternal, uma vez que impede o pai de casar sua filha a seu bel-prazer. Convém, portanto, explicar à virgem que seu voto não constitui, de forma alguma, uma emancipação. Esposa do Cristo, ela está sujeita de corpo e alma ao esposo de sua escolha. É o bispo, delegado de Deus, que representa o esposo ao longo das "núpcias místicas".[4] A virgem consagrada passa então, de fato, da autoridade de seu pai para a do bispo. Ao mesmo tempo, essa simbologia do casamento protege a filha de Eva do risco de masculinização. De fato, a virgindade feminina voluntária era às vezes definida como uma forma de virilidade, uma vez que liberava o espírito das exigências de um corpo que permaneceu feminino. Ao entregar-se ao esposo, a virgem se reconhece feminina, isto é, submissa, mesmo que o corpo permaneça incólume, como o do homem. As núpcias místicas mantêm a diferença entre os sexos.

As jovens devotas se guardam das imundícies carnais, sem, contudo, renunciar ao desabrochar afetivo prometido pelas núpcias. O Senhor Jesus é todo Amor. O "Cântico dos cânticos" é abundantemente citado pelos apóstolos da virgindade. Amar um homem infinitamente superior a todos os outros e lhe oferecer um corpo intocado, tal é o sentido da "consagração das virgens". Por volta do final do século IV, um ritual se impôs progressivamente; o fato de as viúvas, mulheres que consumaram o ato da carne, não serem nele aceitas confirma o valor simbólico conferido à virgindade. Assim se constitui uma "ordem das virgens". A idade da postulante variava conforme os lugares, antes de ser fixada em 25 anos pelo Concílio de Hipona, em 393. Primeiro, a candidata faz um voto privado, não sem avisar a autoridade eclesiástica; depois, observa um tempo de experiência. A cerimônia propriamente dita acontece ao longo da missa, em um dia de grande festa, a Epifania ou Páscoa, na presença dos fiéis.

Inicialmente, a cerimônia era breve e sóbria: o bispo explica o significado do rito, a postulante declara sua decisão de pertencer a Deus, o bispo recita sobre ela uma fórmula de bênção e a cobre com um véu. A virgem consagrada conserva sua liberdade de viver só, com sua família ou companheiras, sair e viajar, como quiser. Depois a liturgia foi enriquecida: os pais participam solenemente e dão seu consentimento, ocorre a bênção do véu, a entrega de um anel e uma coroa, acendem-se as velas. A cerimônia se enriquece para se assemelhar mais e mais a um casamento. Entretanto, paralelamente, o número de virgens consagradas diminui, ao passo que o de monjas aumenta. A partir do século XI, o ritual se rarefaz e parece se perder (ver a seguir).

UM ESPAÇO DE LIBERDADE E GLÓRIA

Quando se observam algumas figuras emblemáticas,[5] compreende-se melhor o que a virgindade consagrada proporcionou ao sexo "fraco". Entre as figuras mais célebres, podem ser citados inicialmente Tecla, Agnes e Genoveva, pois elas se tornaram objeto de uma devoção popular e duradoura, sendo a narrativa de suas vidas enriquecida com elementos lendários. Sob certos pontos de vista, essa literatura hagiográfica dá continuidade a romances de aventura greco-latinos, como *Daphnis et Chloé*.

Tecla[6] é a discípula entusiasta de Paulo que rompe seu noivado, desafiando os conselhos de sua mãe. Ela segue o apóstolo por toda parte, passando por tribulações extraordinárias. Presa e perseguida, escapa miraculosamente da morte por duas vezes. Depois, batiza-se a si mesma. Instalada na Selêucia, multiplica os milagres e as conversões. Para se proteger dos ataques sexuais, usa roupas masculinas, que abandona quando Paulo a autoriza a pregar. Sua história, como se vê, está repleta de símbolos. Ao longo dos séculos, ela se tornou modelo da santidade feminina. Metódio a coloca no lugar de Sócrates em sua versão do diálogo *O banquete*.

Agnes foi uma virgem de Salerno que tinha apenas 13 anos quando morreu, após um longo martírio, durante as perseguições de Diocleciano, no começo do século IV, por ter-se recusado a perder sua virgindade. Ela inspirou um culto fervoroso, primeiro em Roma, onde uma basílica lhe é dedicada, e depois em toda a cristandade. Sua festa, comemorada em 21 de janeiro, ainda é celebrada em nossos dias.

Genoveva, padroeira de Paris, é lembrada por sua devoção, que tem início em sua tenra infância. Após ter recebido a consagração das virgens, ela viveu devotamente na casa dos pais e, depois, na de sua madrinha. De personalidade radiante, ela exerceu grande influência, primeiro sobre os grupos de virgens que se reuniam em torno dela e, depois, sobre toda a população da cidade. Com a chegada dos hunos, convenceu os parisienses a não ceder a Átila e organizou o abastecimento da cidade de modo que pudessem suportar o cerco. Os primeiros reis francos, dentre os quais Clóvis, tinham total confiança nela. Após sua morte, ela foi venerada como santa e seu túmulo se tornou um local de peregrinação até a Revolução Francesa.[7]

Além de Tecla, Agnes e Genoveva, pode-se ainda citar Melânia, a Velha, e Olímpia, que eram herdeiras por demais ricas para poder fugir ao casamento. Viúvas muito jovens, eram senhoras de si mesmas e de seus bens. Melânia, dama romana muito confiante, se estabeleceu em Jerusalém, onde fundou e dirigiu, no monte das Oliveiras, um convento que abrigava cinquenta virgens. Acolhendo peregrinos de todos os países, não hesitava em se envolver em querelas religiosas, a ponto de exasperar Jerônimo. Já Olímpia viveu em Constantinopla, onde abriu seu palácio aos pobres e se cercou de monjas que levavam uma vida ascética juntamente com ela. Quando João Crisóstomo se tornou patriarca de Constantinopla, ela fez tudo o que podia para apoiá-lo.

Outras personalidades, mais apagadas, são conhecidas por serem parentes próximas de grandes notáveis. É o caso de Macrina, irmã de dois bispos, Basílio de Cesareia e Gregório de Nissa, que a homenageou em uma biografia tocante. Ela encarna o ideal de vida que o próprio Gregório não pôde atingir, obcecado que era pelos conflitos religiosos e políticos (a controvérsia ariana). Criada por uma mãe que venerava Santa Tecla, Macrina cresceu longe do mundo e da confusão, na pureza da fé, meditando nas escrituras e educando seu irmão mais novo. Posteriormente, ela entrou para um convento para lá orar até sua morte. Ambrósio também tinha uma irmã, Marcelina, de quem falava com veneração: "Minha Senhora [...], mais cara que a vida e que meus próprios olhos!". Virgem consagrada, cercada de outras devotas, a irmã mais velha de Ambrósio exerceu uma influência considerável. Nessa época, em toda a Itália, os chefes de família patrícios resistiam enfaticamente aos apóstolos cristãos; investidos de cargos importantes, não podiam deixar de cultuar o imperador. As mulheres eram mais livres; convertiam-se entre si, por meio de suas redes de sociabilidade, orando juntas, com fervor. Tendo-se tornado bispo de Milão, Ambrósio se alegrava ao ver as jovens de toda a Itália vir receber o véu das mãos da irmã. Ele se mobilizou para fazer com que as famílias não privassem as virgens consagradas de sua parte na herança, o que não o impediu de excluir todas as filhas de Eva das fileiras do clero. Por sua vez, Jerônimo, que dirigia um grupo de devotas romanas, escreveu: "Louvo todas as núpcias, louvo o casamento, mas pelo fato de ele gerar virgens. Dos espinhos colho as rosas." Essa aprovação traduz a ambivalência da virgindade feminina consagrada. Lembremos, porém, que durante a Alta Idade Média as representações do Paraíso sempre colocaram as mulheres em primeiro plano – as virgens mártires.[8] A virgindade consagrada deu ao sexo frágil um espaço de liberdade, criatividade, força e glória.

Notas

[1] P. Brown, *Le Renoncement à la chair. Virginité, célibat et continence dans le christianisme primitif*, Columbia University Press, 1988 e Gallimard, 1993; *Mystique et continence*, VII Congresso de Avon, Études carmélitaines, Desclée de Brouwer, 1952; *Dictionnaire de spiritualité ascétique et mystique* "Virginité", "Chasteté", "Monachisme", Beauchesne, 1932-1995. Ver também os nomes próprios das pessoas citadas.

[2] *Dictionnaire de spiritualité ascétique et mystique. Doctrine et histoire*, Beauchesne, 1932-1995, 17 vol., 45 tomos. Essa obra monumental reúne as contribuições de 1.500 autores, sob a direção da Companhia de Jesus.

[3] D. Cerbelaud, *Marie, un parcours dogmatique*, Le Cerf, 2004.

[4] J. Hourcade, *Noces mystiques. Spiritualité de l'Ordo Virginum*, Éditions Embrasure, 2007; Rene Metz, *La Consécration des vierges, hier, aujourd'hui, demain*. Le Cerf, 2001

[5] O *Dictionnaire de spiritualité*, já citado, dedica a cada uma um verbete bem documentado.

[6] F. Villemur, "Saintes et travesties au Moyen Âge", CLIO, *Femmes travesties: un "mauvais" genre*, 1999, n. 10.

[7] J. Dubois, L. Beaumont-Maillet, *Sainte Geneviève de Paris*, Beauchesne, 1982.

[8] J. Baschet, "La distinction des sexes dans l'au-delà médiéva", CLIO, *Clôtures*, 2007, n. 26.

O islamismo
A satisfação masculina

Tem cabimento dar espaço ao islamismo em uma obra limitada ao Ocidente? Sim, pois as migrações do século XX impuseram sua presença por toda a Europa, e a cultura muçulmana atribui, ainda hoje, um alto valor à virgindade da noiva (ver capítulo "Sobrevivências ou permanências"). Todavia, é preciso se resguardar de confundir a religião propriamente dita com alguns costumes que ela somente tolerou e enquadrou. Se a doutrina permanece bastante aberta, as práticas do dia a dia, frequentemente coercitivas, suscitam hoje muitas questões.

ORDEM DIVINA E ORDEM SOCIAL[1]

O Corão representa a expressão mais absoluta do monoteísmo. Alá é onisciente, onipotente, perfeitamente livre, inclusive para se contradizer.[2] Maomé é seu profeta – sua revelação também é dotada de uma autoridade absoluta. Aos humanos a religião muçulmana impõe uma "submissão" perfeita (é o significado da palavra *islã*), não apenas em matéria de crença e culto, mas também no campo das leis e dos costumes.

Acerca do casal, o Corão adota o mito hebraico do Gênesis, mas com uma modificação importante: o homem e a mulher não foram criados à imagem e semelhança de Deus, pois nada se assemelha a Alá. O mito do andrógino é evocado para explicar e legitimar a força do desejo amoroso. Originalmente, havia um único ser, separado em seguida em duas metades, homem e mulher, que a partir de então anseiam por se reunir. O Corão ignora o pecado original e não propõe nenhuma concepção teórica para o que chamamos sexualidade. A união dos sexos tem caráter sagrado, tanto por responder a uma vocação original quanto por ser a condição para a procriação, obra divina. Pretender permanecer celibatário ou virgem é, portanto, afrontar a natureza, as ordens social e divina.

Entretanto, existe um local em que a virgindade feminina ocupa uma posição eminente: o Paraíso de Alá, onde cada crente é aguardado por "huris de belos olhos negros, semelhantes a pérolas em seu nácar". Recompensa dos homens mais pios, elas são sempre jovens, belas, inalteradas e... *virgens*!, o que faz de cada união um encontro novo, um tempo de redescoberta recíproca e deslumbramento. Os versos de Aragão veem à mente: "Tu podes abrir os braços cem vezes / É sempre a primeira vez." A relação carnal não é voltada apenas para o corpo, é uma renovação do ser por inteiro, na felicidade e no entusiasmo. Esses gozos paradisíacos dizem muito sobre as fantasias masculinas em matéria de sexo na cultura muçulmana. Nem o judaísmo, nem o cristianismo conferem um lugar aos prazeres do sexo em suas evocações da vida eterna. Precisemos que, se as mulheres alcançam o Paraíso de Alá, elas se contentam em encontrar seus maridos.

Apesar disso, a religião de Maomé é bastante igualitária. Inúmeras passagens do Corão fazem referências "aos crentes e *às* crentes", supondo a igualdade entre homens e mulheres no plano religioso. Em princípio, nada proíbe as mulheres, mesmo jovens e virgens, de alcançar o saber e ocupar funções de alta responsabilidade. Não há clero instituído na religião muçulmana. Algumas meninas e mulheres devotas, aliás, se notabilizaram por praticar o ascetismo, fundando missões e congregações. Algumas, animadas por um elã místico, foram reconhecidas e veneradas como santas.

A mística – como vimos acerca do cristianismo – é a busca de uma relação íntima e direta, de uma fusão, alma e corpo, com o divino que vai além de todo saber e razão. No islamismo, o sufismo logo inspirou inúmeros adeptos. Uma jovem humilde, Rabia Al-Adawiyya, está entre as mais célebres. Nascida em Bassorá, no século II da hégira (século VII da era cristã), ela logo se tornou uma grande mestra da espiritualidade, honrada e consultada pelos homens mais poderosos. Era virgem? Ignoramos, mas vivia na castidade. Lembremos de passagem que os muçulmanos admitem a virgindade perpétua de Maria, mãe do Cristo, por ela confirmar a liberdade e o poder soberanos de Alá.

Entretanto, duas dificuldades ameaçam enfraquecer os elãs religiosos das mulheres muçulmanas: de um lado, os períodos de impureza ritual – a menstruação, os fluxos seguintes ao parto – as impedem de realizar as obrigações religiosas tão fielmente quanto os homens; de outro, elas devem permanecer submissas aos homens – pais, maridos, irmãos. Os textos islâmicos antigos justificam a primazia masculina pela preferência que Alá concede aos homens e pelo fato de eles proverem as necessidades materiais das mulheres e crianças. As ordens religiosa e social estabelecem assim uma hierarquia de seres humanos, com o homem no topo. O islamismo confirma e consagra, portanto, o caráter patriarcal das sociedades que converteu.

O comportamento do Profeta, sua prática, seus propósitos, tais como relatados pelos *Hadiths* (as palavras e os atos de Maomé) constituem uma referência para todos os muçulmanos. Ora, Maomé praticamente não se referiu à virgindade feminina. Ele desposou nove mulheres e apenas uma delas, Aicha, era virgem. Assim, a virgindade feminina não é objeto de nenhuma sublimação de sua parte. O Profeta, aliás, teve inúmeras relações fora do casamento, com concubinas e escravas, virgens ou não. Entretanto, é preciso dizer que Aicha, esposa virgem, sempre foi sua preferida e que ele manifesta uma inclinação pelas virgens. A um de seus companheiros, que acabava de desposar uma mulher experiente, ele disse: "E por que não uma virgem, que tu acariciarias e que te acariciaria?" O único dever que se impõe a um homem, segundo Maomé, é tratar suas companheiras com equidade e assegurar o futuro dos filhos. O Corão se dirige apenas aos homens.

Em princípio, a união dos sexos só é permitida no casamento. O Corão precisa que, para as primeiras núpcias, é bom que os cônjuges sejam virgens, tanto um quanto outro. Entretanto, o comportamento de Maomé enfraqueceu essa injunção, tanto que os muçulmanos rapidamente a esqueceram; ou melhor, não guardaram dela senão o que concerne à mulher. Ninguém pergunta ao futuro marido se ele continua a ser donzel; por outro lado, a noiva deve ser virgem. El Ghazali, um dos maiores teólogos do islamismo, que ensinava em Bagdá ao final do século XI, explica por que o homem que quer se casar deve escolher uma virgem sem se preocupar com a reciprocidade. Ele não invoca a autenticidade da filiação; ele insiste na importância, para o marido, de ser o "primeiro". A virgem que descobrir o prazer do amor graças a seu marido se apegará a ele de modo mais duradouro, ao passo que uma mulher experiente poderá fazer comparações desfavoráveis para seu esposo. Aliás, o homem experimenta uma aversão por aquela que outro já acariciou. A preocupação com a aprovação e a dominação da mulher pelo homem se exprimem aqui claramente.

A literatura dos países muçulmanos também expressa uma sensibilidade sobretudo masculina e exibe um erotismo exuberante, em que a virgindade feminina frequentemente serve de escala para mensurar a virilidade masculina: quantas virgens o herói conseguirá deflorar em uma noite? Um dos mais gloriosos talhou quarenta! Entretanto, no coração de *As mil e uma noites* só se encontra pesar e angústia. Enganado por sua mulher, o rei Shahryar desposa e deflora uma nova virgem a cada noite; na manhã seguinte, a leva à morte para que ela não conheça nenhum outro homem além dele. Ameaçada com o mesmo destino, Sherazade salva sua vida contando ao rei aventuras fascinantes e intermináveis que o reconciliam com a riqueza e a complexidade da aventura humana. Além de seu sexo, Sherazade se afirma como uma pessoa humana capaz de recusar a fatalidade.

Feitas as considerações, mesmo que a doutrina religiosa não faça muito caso, a virgindade feminina é levada bastante em conta na cultura muçulmana; menos por razões de genealogia (os muçulmanos são menos preocupados que os hebreus com a filiação autêntica) que por exigências sexuais. A virgindade feminina é um componente essencial da diferença entre o homem e a mulher, pois o deleita à medida que confirma e assegura sua dominação.

A GLÓRIA DE DEUS E O VALOR DAS VIRGENS

OS COSTUMES[3]

Nos países conquistados pelo islamismo, os costumes relacionados à virgindade feminina existiam bem antes da pregação de Maomé. O islamismo os avalizou mais ou menos, às vezes os codificou e regulamentou, o que lhes conferiu uma espécie de sacralização. As mulheres muçulmanas lhes deram um rico desenvolvimento, elaboraram toda uma simbologia que exalta suas funções biológicas e sociais, inventaram ritos e cerimônias para celebrar e tornar solene os grandes momentos de sua existência. Não seria possível datar o surgimento desses costumes, talvez alguns remontem à Pré-História, e tampouco se pode inventariar as diversas formas com que foram revestidos, conforme as épocas, os locais, os meios. É certo que constituíram e ainda constituem uma forma ancestral da cultura feminina, transmitida de geração em geração, que assegura solidamente a identidade e a dignidade do sexo fraco, ao mesmo tempo que lhe reserva uma pequena parcela de autonomia.

Mencionemos de memória a excisão que era praticada na Arábia pré-islâmica. Tratava-se de uma remoção do clitóris ou de uma simples desobstrução, comparável à circuncisão masculina? Ignoramos. Sabe-se, por outro lado, que Maomé presenciou essa operação uma vez e não a aprovou.

O mais feminino desses ritos antigos talvez seja o da hena, que exclui totalmente os homens e assegura a preparação da noiva exaltando o grande mistério do corpo feminino; fechado, mas fértil, indispensável à renovação da vida.

A hena,[4] tida como proteção contra o "mau-olhado", foi utilizada no Egito, na Assíria e entre os hebreus muito tempo antes da conquista islâmica. Seu nome significa "doçura", "ternura", e é também chamada de "planta do paraíso", pois a esposa virgem, tal como uma huri, proporcionará ao esposo alegrias celestes. A hena é colhida três vezes por ano. No final de maio, suas folhas ganham um poder colorante intenso, vermelho como sangue, e são utilizadas por ocasião das núpcias. Primeiro, as folhas são trituradas ao ritmo de cantos tradicionais por mulheres que estão na menopausa e que realizaram a peregrinação a Meca. O pó assim obtido é oferecido pela família do noivo, mas é a mãe da noiva, ou sua avó, que prepara a pasta ajuntando um pouco de água e ovos. Na véspera das núpcias, artistas talentosas, mulheres de meia-idade que só foram casadas uma vez, aplicam-na em uma cerimônia – elas "bordam" desenhos mais ou menos simbólicos nas mãos e nos pés da futura esposa, mas apenas nas partes visíveis do corpo; em seguida, envolvem suas mãos em um linho branco, que é tingido de vermelho, evocando a defloração. As jovens companheiras da noiva recebem uma pequena quantidade da pasta. Findo o trabalho, todas as mulheres presentes comem, cantam, dançam, festejam; as núpcias começam. É preciso destacar a solidariedade, o entendimento que reúne essas mulheres de idades e meios diferentes, assim como o ambiente festivo, a alegria, a esperança que as une.

A hena evoca a defloração em razão de sua cor, que é a do sangue. Outros costumes valorizam a vedação do corpo feminino, como o *r'bat*[5] (denominado *tasfih* na Tunísia), que assegura seu fechamento ao mesmo tempo mágico e simbólico, mas nada tem a ver com a infibulação praticada na África negra. Ao atingir seu sexto ou sétimo ano (é a idade em que o menino deve ser circuncidado), a menina é "fechada" durante uma cerimônia ritual: uma mulher habilidosa ou sua própria mãe lhe faz um arranhão na coxa enquanto recita fórmulas e preces apropriadas. Graças a isso, a virgem não poderá mais ser penetrada, mesmo se o desejar. Na véspera das núpcias, a futura esposa é desselada em outra cerimônia ritual, inversamente simétrica, sem a qual o noivo nada poderá fazer.

A GLÓRIA DE DEUS E O VALOR DAS VIRGENS

Na ausência do *r'bat*, é a vigilância familiar que deve vedar a menina, protegê-la e vigiá-la. Essa exigência é muito antiga. Cipriano, bispo de Cartago, no século III da era cristã (portanto, muito antes do islamismo), amigo e discípulo de Tertuliano, observa que muito frequentemente, a pedido das famílias, as parteiras verificam a virgindade das jovens que vão casar; sua *expertise* lhes dá autoridade. Posteriormente, nos tempos islâmicos, esses exames são realizados no *hammam*, o banho público, sob o olhar da futura sogra. O corpo de uma jovem contém muitas promessas para que ela seja autorizada a dispor dele livremente. Os homens da família a consideram seu bem mais precioso. Se ela se der ocultamente, ou mesmo se for violada, pode ser condenada à morte. No mínimo, será renegada e expulsa de seu meio.

O costume mais importante e disseminado consiste em provar a virgindade da noiva mostrando, no dia seguinte às núpcias, os lençóis manchados pelo sangue da defloração. Na realidade, esse uso não está minimamente ligado à religião muçulmana. Germaine Tillion[6] afirma que ele é tipicamente mediterrâneo. Encontramo-lo também em várias sociedades rurais cristãs, inclusive em algumas regiões francesas, até o século XVII. Todavia, se desapareceu nos países cristãos no começo da Idade Moderna, esse costume manteve-se entre as populações muçulmanas.

Por que durante séculos foram necessários lençóis manchados para confirmar a honra de duas famílias? Do lado da noiva, a mãe se empenha em ser reconhecida como educadora irrepreensível, que soube transmitir à sua filha os princípios e valores da comunidade. Pai e irmãos ficam orgulhosos por terem realizado seu dever de proteção contra a sedução e a violação, contra os riscos do incesto. Já o noivo também deve provar sua força viril. Entretanto, sabe-se hoje que a defloração nem sempre sangra, pois o hímen, quando existe, não tem a mesma resistência em todas as mulheres. Os novos esposos, porém, se esforçam para satisfazer as exigências da família, e não está descartado que por vezes tenham recorrido a algum subterfúgio.

O filósofo Abdelwahab Bouhdiba[7] esclarece as razões profundas desses comportamentos. A defloração, afirma ele, é o equivalente da circuncisão; o hímen corresponde ao prepúcio. Assim como a circuncisão permite a transformação do menino em homem e o torna digno de tornar-se pai, a defloração permite a transformação da menina em mulher e a torna digna de se tornar mãe. Para ambos os sexos, o rito quer que o sangue corra, que os corpos sejam marcados e, assim, fiquem associados à obra divina. Essa simbologia conservou força suficiente para resistir à dessacralização contemporânea (ver "Sobrevivência ou permanência").

Notas

[1] Agradeço a Denis Gril, que me concedeu esclarecimentos preciosos.

[2] Mircea Eliade, *História das crenças e das ideias religiosas*, tradução de Roberto Cortes de Lacerda, Rio de Janeiro, Zahar, 2010.

[3] F. Malti-Douglas, *Woman's Body, Woman's Word: Gender and Discourse in Arabo-Islamic Writing*, Princeton University Press, 1991; M. Chebel, *L'Esprit de sérail. Mythes et réalités sexuelles au Maghreb*, Lieu commun, 1988.

[4] N. Boukhobza, "Quelle place pour le rituel du henné dans le contexte migratoire?", *Maternité, paternité, migrations,* Journées d'étude, Maison méditerranéennes des sciences de l'homme, Aix-en-Provence, 18-19 de março de 2010, no prelo.

[5] I. Ben Dridi, *Le Tasfih en Tunisie. Un rituel de protection de la virginité féminine*, Paris, L'Harmattan, 2004; B. Ferrati, "Les clôtures symboliques des Algériennes", CLIO, *Clôtures*, 2007, n. 26.

[6] Germaine Tillion, *Le Harem et les Cousins,* Paris, Seuil, 1966.

[7] A. Bouhdiba, *A sexualidade no islamismo*, São Paulo, Globo, 2006.

A EMERGÊNCIA DO TEMA "MOÇA"

No geral, as religiões monoteístas valorizam as três funções da virgindade feminina nas sociedades antigas. Para os hebreus, ela assegura sobretudo a autenticidade da filiação, a pureza da linhagem. Para os muçulmanos, simboliza a plenitude da satisfação masculina no gozo sexual. Os cristãos a exaltam dissociando-a tanto da sexualidade quanto da procriação: eles a pensam como o instrumento de uma ascensão que elevará os humanos ao Espírito, essência do divino. Tudo se passa como se o exemplo e a mensagem de Jesus, destituindo os heróis gregos, super-homens de exceção, convidassem todos os humanos a se engajar em uma progressão moral decisiva.

Essa sublimação é vantajosa para o sexo fraco. A virgindade, louvada primeiro sem distinção de sexo, revela-se finalmente mais acessível às mulheres que aos homens. Na verdade, é a castidade que domina a carne, mas essa ascese é mais fácil para aquelas e aqueles que jamais experimentaram o prazer do amor. Ora, as meninas púberes são mais fáceis de guardar que os meninos. Os Pais da Igreja lhes delegam a tarefa de glorificar a virgindade, sempre cuidando para que as virgens consagradas não atentem contra a dominação masculina. Ocorre que a virgindade cristã permitiu às meninas e às mulheres existir por si mesmas, independentemente dos homens e filhos; ela lhes abriu uma via luminosa em direção à autonomia moral, à confiança em si, ao aperfeiçoamento.

TERCEIRA PARTE

O APOGEU DA VIRGINDADE FEMININA
A CRISTANDADE OCIDENTAL

Durante a Idade Média e a Idade Moderna, a doutrina cristã se difundiu em todo o Ocidente, propagando a doutrina da virgindade espiritual, que pouco a pouco atingiu o apogeu. O Império Romano foi devastado por grandes invasões e por guerras feudais que arruinaram o modelo social e cultural da cidade antiga. A Igreja se dirigiu a populações rurais, rudes, e lutou contra heranças ancestrais de crenças, costumes e ritos pagãos, esforçando-se para convertê-las. O que aconteceu com a virgindade feminina? As famílias sempre quiseram dispor de suas filhas, seja para casá-las, seja para, opção nova, encerrá-las em um convento; mas agora as jovens têm algo a dizer, podem escolher livremente a virgindade como refúgio. Melhor, algumas cultivam sua virgindade como uma virtude superior, encontrando nela razões e meios de se instruir e agir com brilho no mundo a serviço de Deus. Mesmo as que se destinam ao casamento adquirem frequentemente, durante o tempo de sua virgindade, uma maior consciência de si, um desejo de autonomia.

O que é uma donzela?

Quando lhe perguntavam quem era, Joana D'Arc respondia: "Sou Joana, a Donzela", como se seu estado de donzela constituísse a parte essencial de sua identidade, antes mesmo do nome de seus pais ou do local de seu nascimento. No início do século XV, ser "donzela" constituía, portanto, uma espécie de *status* não codificado, mas conhecido de todos. A palavra havia se difundido no século XII para indicar uma jovem que ignora as práticas sexuais. Mas por que fabricar esse vocábulo quando se dispõe de "virgem", tradução do latim "*virgo*"? Talvez em respeito à Santa Virgem Maria, "Nossa Senhora", cujo culto conhece nessa época grande crescimento – agora é necessária uma palavra mais humilde para designar as jovens simples. Entretanto, elas parecem dotadas de poderes mágicos, como se o mistério sagrado da virgindade, esperança de vida, jorrasse sobre elas.

A PERSONAGEM DA DONZELA
NAS NARRATIVAS HAGIOGRÁFICAS
E NOS CONTOS POPULARES

As donzelas quase não aparecem nas canções de gesta ou nas breves narrativas medievais em verso (os *fabliaux*). Por outro lado, estão bem presentes na literatura hagiográfica. Os *exempla* e os *miracula*, narrativas destinadas à edificação dos fiéis, citam com mais frequência o testemunho de meninas muito novas – a partir do décimo segundo ano de vida seu nome é precisado, elas são ouvidas com atenção, suas palavras são retranscritas. Os religiosos que fizeram voto de castidade enxergam a virgindade como um traço de união entre Deus e os seres humanos.

As donzelas dos contos de fada são portadoras de mensagens muito diferentes. Diferentemente dos mitos, os contos não têm caráter religioso. São narrativas de ficção, frequentemente muito antigas, de origem rural e popular, isto é, pagã, que apresentam imagens de força considerável. Recolhidas a partir do século XVII (fala-se de um oximoro como "literatura oral"), elas nos interessam por serem criações coletivas que exprimem emoções e necessidades de toda uma população. Em relação às donzelas, assumem frequentemente a função de iniciação e advertência. Nelas, a puberdade feminina é mostrada como uma das "idades da vida", idade inquietante, cheia de riscos, não apenas para cada donzela em particular, mas também para toda a coletividade. A menina então sofre transformações físicas e morais misteriosas, é colocada diante de escolhas decisivas em relação às quais não pode voltar atrás; ela necessita de uma ajuda que frequentemente lhe falta. Eis alguns exemplos.

Um dos contos mais significativos e bem estudados é *Chapeuzinho vermelho*, inspiração de psicanalistas que enfatizam o despertar da sexualidade (o chapeuzinho vermelho simbolizaria a chegada da menstruação, o lobo representaria o sedutor etc.). Historiadores e etnólogos desvelam outras significações. Yvonne Verdier, que comparou as versões orais anteriores à publicação de Charles Perrault (1697), estabeleceu uma trama complexa.[1] Após ter quebrado seu "vestido de ferro", a heroína parte para a floresta, onde o lobo, numa encruzilhada, a induz a escolher entre o caminho das agulhas e o dos alfinetes – o buraco da agulha evoca a livre sexualidade, ao passo que o alfinete destina-se às meninas ajuizadas que querem ajustar suas roupas e se defender da abordagem masculina. O conto utiliza em seguida todo um léxico relacionado às habilidades femininas: as mulheres fiam e tecem a vida como as parcas antigas. Na casa de sua avó, a heroína, que jamais é chamada pelo nome, come os seios e bebe o sangue da anciã, que já foi morta pelo lobo; o festim macabro lhe confere o poder de procriar e amamentar. Em seguida, ela tira todas as suas roupas, peça por peça, e as joga, como se elas não lhe servissem mais; depois, descobre o lobo "ao natural", e ele a "come". A aventura, carregada de violência, parece totalmente sem sentido.

Consideremos agora a história da Pele de Asno, assediada pelo rei, seu próprio pai viúvo, que quer a todo custo casar-se com ela. Aconselhada por sua fada madrinha, ela pede e obtém de presente três vestidos de luz: cor do dia, cor da noite e cor do Sol. Em seguida, ela foge, oculta sob a pele, suja e malcheirosa, de um asno que, quando vivo, expelia excrementos de ouro. Errante, miserável, ela trabalha como serviçal em uma fazenda, cuidando dos porcos. À noite, porém, escondida, veste seus vestidos maravilhosos e volta a ser a filha do rei. Até que um dia um príncipe meio *voyeur* observa, também escondido, a metamorfose e apaixona-se por ela.

Enfim, pode-se citar *Cinderela*, que apresenta uma situação comum em tempos de mortandade elevada: uma menina perde sua mãe. Viúvo, o pai se casa rapidamente. A segunda esposa, uma "madrasta", privilegia as próprias filhas e oprime a filha do primeiro leito. Cinderela sofre, ao mesmo tempo, o abandono do pai e uma cruel dependência, vendo suas "irmãs" como rivais. Sua fada madrinha intervém no momento exato para permitir que ela participe do baile organizado na corte, provendo-lhe roupas e criados e uma carruagem suntuosa. Transfigurada, Cinderela descobre no baile a força do olhar masculino (o do príncipe), a atração do amor e os riscos inerentes; lá ela perde simbolicamente seu sapato.

As fadas são muito frequentemente ativas nos contos. São virgens sem idade. Não lhes é prestado nenhum culto, o que as distingue das deusas antigas. Quase sempre benevolentes (com exceção de Carabosse, de *A bela adormecida*), elas parecem personalizar o destino, concedem dons aos recém-nascidos, riquezas aos pobres, socorros providenciais. Seu poder simboliza a força feminina independente, que se vale de poderes masculinos. A varinha mágica faz as vezes de falo. Destaquemos também que o universo dos contos é majoritariamente feminino. Os homens, com exceção do príncipe encantado, raramente desempenham um papel positivo. O conjunto faz pensar que nas sociedades rurais antigas a dominação masculina, ainda que orgulhosamente proclamada, sofre de insegurança. Uma rica iconografia figurativizou a virgindade na forma de um unicórnio, animal fantástico e misterioso. Talvez a principal informação trazida pelos contos seja de que a natureza humana é cheia de mistérios e ameaças. O maravilhoso nos contos tem por missão tranquilizar, tanto quanto possível, aqueles que os criam e aqueles que os escutam. Se, após os contos, lermos Boccaccio, o *Decamerão* (1348-1350), ficaremos surpresos com sua modernidade. Esses contos destinam-se a uma sociedade urbana, rica e esclarecida, que questiona as crenças populares, o despotismo paternal, a autoridade da Igreja.

A VIRGINDADE
NOS ESCRITOS TEOLÓGICOS

Ao ampliar seu domínio sobre as populações da cidade e do campo, a Igreja cristã contribuiu fortemente para o recuo das crenças populares. No século XII, especialmente, o culto à Nossa Senhora conheceu um notável florescimento, talvez à custa das fadas. Todavia, Maria era então venerada sobretudo como mãe e protetora; sua virgindade permaneça em segundo plano.

A teologia medieval fez as representações da virgindade evoluírem, sobretudo dissociando-a da vida cotidiana.[2] Tomás de Aquino aborda a questão em sua *Suma teológica*. Ele pretende conciliar a fé com a razão, a doutrina cristã com a filosofia de Aristóteles. Após afirmar, como Agostinho, que a virgindade não reside na integridade do corpo, mas na intenção da alma, Aquino reserva essa virtude sublime a uma elite. A massa se dedica ao trabalho de procriação; é sua função, seu dever. Apenas algumas pessoas devotas são escolhidas por Deus para se dedicar à contemplação das coisas divinas. Entre as jovens, o hímen preservado é um sinal dessa eleição. A virgindade consagrada contribui para a elevação moral e a salvação de todo o gênero humano. A vida profana e a vida consagrada coexistem e cooperam para a glória de Deus. Essa definição "funcional" da virgindade consagrada reforçou a vocação das monjas reclusas em detrimento das "virgens laicas". E foram exatamente a separação e o claustro das religiosas que a Igreja favoreceu, ao menos até Vicente de Paula.

O QUE OS TRATADOS MÉDICOS
DIZEM DAS JOVENS

Nessa época, a ciência médica dos antigos foi renovada graças a autores árabes, que a enriqueceram com suas contribuições. Em Bagdá, os califas criaram hospitais que permitiram o progres-

O APOGEU DA VIRGINDADE FEMININA

so da clínica, com mulheres cuidando de mulheres. Eles também fundaram instituições oficiais de ensino nas quais as mulheres eram admitidas em igualdade de condição com os homens. Para os muçulmanos, o sexo, como ficou dito, nada tinha de vergonhoso, ao contrário. Os judeus também tiraram proveito desses progressos, como testemunha um importante trabalho redigido em hebraico, provavelmente no século XIII, no sul da França.[3]

No Ocidente, o primeiro centro de renascimento médico e cirúrgico foi a escola de Salerno, no sul da Itália, onde mulheres eram admitidas. Talvez seja por isso que entre os tratados médicos mais difundidos durante a Alta Idade Média encontramos – inovação notável – os trabalhos de duas mulheres, Trotula e Hildegarda. Sobre Trotula sabe-se pouca coisa.[4] Sua obra, *De passionibus mulierum,* escrita em Salerno, no século XII, é o primeiro tratado feminino de ginecologia do Ocidente; ele traz inúmeros traços dos saberes populares e se dirige diretamente às mulheres. Hildegarda de Bingen (1098-1179), abadessa alemã, foi uma mística admirada, muito culta em todas as áreas, consultada pelas maiores personalidades do seu tempo, príncipes e prelados. Ela refletiu muito livremente sobre o que chamamos de sexualidade.

Os médicos e outros autores masculinos consideram a mulher um instrumento dado ao homem para assegurar sua descendência. Entre as meninas, a fertilidade é anunciada pela chegada da menstruação. Os homens da medicina veem aí primeiramente uma purgação que elimina as impurezas. Uma literatura superabundante enumerou ao longo dos séculos os múltiplos malefícios produzidos por esse fluxo. As filhas de Eva são repugnantes e perigosas; a desconfiança dos homens em relação a elas se exprime sem reserva. As perdas de sangue enfraquecem a donzela, mas sua ausência é ainda mais temível e frequentemente indica doenças graves. Trotula conta que a linguagem popular utiliza a palavra "flores" para designar as regras: a flor promete o fruto – é também uma derivação do verbo "fluir". Misteriosamente, entre os mamíferos, a fêmea humana é a única, acredita-se, a perder sangue em intervalos regulares. A coincidência com o ciclo lunar evoca também a possibilidade de práticas mágicas.

Há outra questão perigosa: a da "semente". Quando "vê suas flores", a menina começa a sentir necessidade do coito, que liberará sua semente; se o coito demora, o útero corre o risco de "sufocamento", origem de sofrimentos diversos que mais tarde serão reunidos sob o nome de "histeria". Segundo Hildegarda, esse risco ameaça uma donzela a partir dos 12 anos; então, ela se torna presa fácil para os sedutores. Pode-se sem perigo, diz a abadessa, retardar o casamento até os 20 anos, mas as mães devem vigiar atentamente suas filhas. A advertência de Hipócrates é também fielmente transmitida: a gravidez prematura deve ser evitada.

Enquanto aguarda o casamento, a menina pode praticar o que mais tarde será chamado de "masturbação", pois ninguém condena essa maneira de reduzir a tensão e prevenir as tentações. Entretanto, nenhum autor se estende sobre a sensibilidade do clitóris. Os médicos citam esse órgão apenas para assinalar que em certas donzelas ele é demasiadamente grande – nesse caso é preciso suprimi-lo com o escalpelo, assim como os pequenos lábios da vulva, se estes forem muito volumosos. É inaceitável que uma menina seja dotada de órgãos semelhantes aos do homem. A crueldade da operação não intimida ninguém. Se for de tamanho normal, o clitóris é comparado à úvula: ele protege a vagina das correntes de ar, segundo o ensinamento de Galeno. No século XVI, as relações eróticas entre mulheres – que o escritor Pierre de Brantôme afirma serem frequentes, ao menos segundo seu romance *Dames galantes* – são condenadas pelas leis com grande rigor. As culpadas são "puníveis com a morte", afirma o jurista Papon.

Voltemos à semente. Se os judeus condenaram o pecado de Onã, foi porque ele desperdiçou uma fonte de vida ao recusar-se a aceitar sua cunhada Tamar como esposa após a morte de Er, seu irmão. No que diz respeito às filhas de Eva, sua semente é pouco fecunda (dizem Aristóteles e Galeno). Entretanto, ela despertou o interesse de certos teólogos. Alberto, o Grande (cerca de 1200-1280), dominicano de grande notoriedade, dotado de uma curiosidade científica excepcional, conduziu pesquisas metódicas nessa matéria, interrogando tanto as parteiras quanto as religiosas que ele ouvia em confissão. Alberto supôs a existência de uma relação entre a emissão da semente (produzida independentemente do coito; por exemplo, em caso de sonhos eróticos) e o orgasmo. O mesmo Alberto, o Grande, também foi um dos primeiros autores a afirmar a existência do que chamamos "hímen": "Existem [...]", escreve ele, "no colo e no orifício do útero das virgens, membranas feitas de um tecido de veias e ligamentos extremamente delicados que são, quando os vemos, os sinais da virgindade provada que são destruídos pelo ato ou mesmo pela introdução dos dedos: é quando a pequena quantidade de sangue que neles existe escorre."[5] O cirurgião Henrique de Mondeville dirá simplesmente, por volta de 1320: "Aproximadamente no meio do colo se encontram, nas virgens, veias que se rompem no momento da defloração." A palavra "hímen" só entrará de fato em uso ao longo do século XV, sob a pena do médico e humanista Michele Savonarola, que, por volta de 1466, afirmou que "o colo é protegido por uma membrana delicada chamada hímen, que é rompida no momento da defloração, fazendo assim o sangue fluir",[6] afirmação que nessa época ainda estava bem longe de ser consenso entre todos os praticantes. De resto, uma viva controvérsia sobre esse tema se desenvolverá ao longo do século XVI, entre partidários e adversários de Galeno. Vários anatomistas, dentre os quais Matteo Realdo Colombo (ou Renaldus Columbus) e Gabriele Falloppio, então convidam seus colegas a rever a descrição dos órgãos genitais femininos. Mas é sobretudo o flamengo Andreas Vesalius, chamado de o "maior anatomista de todos os tempos", que afirma, contra Galeno, a presença do hímen nas virgens. Já Ambroise Paré, certamente o mais ilustre cirurgião de seu século, nega a existência de qualquer membrana. Assim escreve ele em seu *Livre de la génération*:

> O vulgo (na verdade, muitos indivíduos doutos) cuida e estima que não existe virgem que não tenha o dito hímen, que é a porta virginal, mas exageram, pois o hímen é encontrado muito raramente, e afirmo (concordando com meu *Anatomie*) tê-lo procurado no Hôtel-Dieu, o hospital municipal de Paris, em diversas meninas que haviam morrido nas idades de três, quatro, cinco e até doze anos e jamais pude encontrá-lo.[7]

As parteiras interrogadas por ele não estão de acordo nem mesmo quanto à localização da dita "vedação": na entrada, no meio ou "no profundo" "da parte vergonhosa". Paré condena o falso saber das parteiras e, mais ainda, os juízes que confiam nelas em caso de processo por violação. Ele é um dos primeiros autores a tratar de ginecologia em língua vulgar, isto é, em francês, e não em latim, e seu saber é acessível a pessoas de pouco estudo, o que é reprovado por seus colegas. Registremos que ele era huguenote e não venerava a Virgem Maria. A polêmica que opõe Vesalius e Paré continuaria até o Iluminismo.

O que quer que seja feito do hímen, os sinais da virgindade são certamente considerados identificáveis, uma vez que algumas jovens defloradas em razão de violação ou acidente solicitam sua restauração. Trotula, que tem remédio para tudo, indica diversas receitas "para reduzir a porta da dama". Não é a única. Um tratado, atribuído ao autor judeu Maimônides

O APOGEU DA VIRGINDADE FEMININA

(1204), também propõe algumas beberagens. Outros "segredos de mulheres" (*De secretis mulierum*) são largamente difundidos a partir do século XIII, tanto que autores honestos denunciam a medicina das mulheres como uma arte que serve "ao proxenetismo". De acordo com um poema satírico intitulado "Le réveil du chat qui dort" (O despertar do gato que dorme) (1616), a segunda função das parteiras seria a de "remendar" a virgindade perdida. Se a integridade anatômica não é prova de virgindade, se as falsas donzelas se multiplicam, compreende-se que esse termo se degrade. Verdadeiras ou falsas, as donzelas desaparecem pouco antes das feiticeiras, provavelmente por razões análogas. Uma cultura rural muito antiga, transmitida essencialmente entre mulheres é suplantada pelos racionalismos masculinos.

JOANA: DONZELA, VIRGEM, MÍSTICA E GUERREIRA

Joana d'Arc[8] é certamente uma donzela excepcional, mas sua própria exceção e as reações de seus contemporâneos trazem esclarecimentos importantes sobre as normas, transgressões e transições.

Joana ainda pratica ritos rurais. Em seu vilarejo, as meninas e mulheres honram uma árvore muito velha, chamada de "árvore das fadas", e uma fonte tida como benéfica. Na primavera, tecem guirlandas de folhas e frutos ao som de cantos e danças tradicionais. Em seguida, as guirlandas são levadas em procissão até uma estátua da Santa Virgem. É assim que a Igreja cristianiza o interior, "batizando" as festas pagãs. No processo de Joana, em 1431, seus detratores tentam em vão acusá-la de bruxaria, mas ela afirma jamais ter acreditado em fadas; aliás, os testemunhos e as provas não conseguem abalá-la. No entanto, permanece estranhamente fiel a um bastão que sempre leva consigo; ela o chama de "meu martim" e jura por ele (ao passo que tem horror à blasfêmia). Varinha mágica? Símbolo de virilidade? Objeto transicional?

Joana foi criada como todas as jovens camponesas de família honrada. Segundo suas palavras, foi sua mãe que lhe ensinou tudo. Primeiro, as tarefas domésticas, coser e fiar. Joana ama fiar e volta de bom grado à sua roca, mesmo nos tempos de vida pública, sendo reconhecida por sua habilidade. Ela também ajuda nos trabalhos do campo. Se, de tempos em tempos "pastoreia", não significa que seja "pastora" em tempo integral. Entretanto, sua lenda assim o quer, pois desde o evangelho de Lucas os pastores, primeiros adoradores do Menino Jesus, passaram a ter uma reputação de inocência e fé. A mãe de Joana também velou com muito cuidado por sua educação religiosa: preces cotidianas, participação frequente nos serviços religiosos, celebração de festas, prática da esmola. O pároco completou sua formação sobre a História Santa, Antigo e Novo Testamentos, e a vida dos santos. Joana é muito boa cristã; seus juízes se surpreendem com seu saber e a pertinência de suas respostas, ainda mais porque ela não sabe ler nem escrever.

Aos 13 anos começa a ouvir vozes, primeiro com emoção e dúvidas. Depois, se familiariza e vê distintamente seus interlocutores – São Miguel, Santa Catarina e Santa Margarida –; ela os toca, os abraça. Então, toma a decisão de permanecer solteira e se dedicar a Deus – voto secreto, que não revela a ninguém. Um pouco mais tarde, seus pais, seguindo o costume, começam a procurar um bom partido para ela e a negociar seu casamento. É então que Joana dá a conhecer suas intenções. Sua recusa ao casamento nada tem de surpreendente. As meninas devotas podem optar pela vida religiosa, seja permanecendo na casa da família, seja entrando para um convento. E o fato de receber ordens do céu não é excepcional – as vidas dos santos e santas, frequentemente contadas nas vigílias, apresentam inúmeros exemplos dessas intervenções sobrenaturais. O escândalo nasce do fato de a donzela bruscamente se distanciar dos seus, vestir-se como homem e partir por longos caminhos. Aqui começa a exceção. Os pais de Joana, provavelmente sem saber como agir e ofendidos pela conduta de sua filha, fazem de tudo para dissuadi-la e retê-la. Entretanto, não consta que tenha sido confinada ou sofrido violências. Podem-se tirar daí duas conclusões: primeiro, por maior que seja, a autoridade dos pais de uma donzela (sobretudo de seu pai) não chega ao despotismo; segundo, a "vontade divina" expressa nas aparições é respeitada e pode servir de caução a empreendimentos individuais de grande envergadura. Uma humilde donzela ousa invocá-la.

Joana é virgem. Sua virgindade é atestada ao menos em duas ocasiões, em Poitiers e em Rouen, por senhoras de grande reputação, competentes e de moral ilibada, na presença de testemunhas masculinas (médicos, homens da lei ou padres, conforme a ocasião). Esse tipo de exame não choca ninguém, apesar da reprovação muito clara dos Pais da Igreja (Ambrósio, Agostinho), e, além disso, a expertise das parteiras é levada a sério. A virgindade advoga a favor de Joana, pois é um sinal fundamental da autenticidade de sua missão. Aos olhos de todos, mesmo dos teólogos, é também um sinal de força, física e moral, de heroísmo. A virgindade consagrada é uma cidadela inexpugnável; quantas virgens mártires o provaram em tempos de perseguição!

Joana tem uma boa compleição física: aquelas (aqueles) que a surpreenderam durante sua toalete testemunharam a beleza de seus seios. As diversas agressões masculinas que ela rechaçou energicamente e com sucesso fazem pensar que ela era desejável. Entretanto, coisa estranha, diversos testemunhos corroboram que ela não menstruava. Seus contemporâneos parecem pouco preocupados. Talvez tal ausência reforce, a seus olhos, a virgindade da donzela, poupada, como a Santa Virgem Maria, da eterna "impureza" que macula as filhas de Eva. A eleição divina se acha assim confirmada. Ela era impúbere? Não é certo. É difícil admitir que seus pais, pessoas honestas e respeitadas, tenham adotado providências oficiais para casá-la antes que estivesse apta a procriar. Outra hipótese parece mais plausível: tendo vindo normalmente, suas regras podem ter desaparecido no início de sua vida pública em razão das emoções intensas que ela experimentou e das provas físicas que suportou. Joana não se cuida, permanecendo a cavalo dias inteiros, sem comer ou beber, sem urinar ou transpirar. Come pouco, sempre jejuando, especialmente às sextas-feiras. Comunga com frequência, considerando a hóstia sagrada um alimento, e chora muito. Tais comportamentos caracterizam as místicas de todas as épocas; elas frequentemente constatam o desaparecimento de suas regras e se regozijam por isso.

No início do século XV, é certamente mais raro, mais constrangedor, que uma donzela mística se transforme em guerreira – ela embaralha a ordem estabelecida ao negar a diferença dos sexos. Todos admitem que, em caso de perigo extremo, mulheres sejam levadas a pegar em armas para proteger suas vidas e as de seus filhos. Lembremos, aliás, que os romances de cavalaria conhecem grande sucesso nos séculos XIV e XV, e não apenas nos castelos; eles são lidos em alta voz para deleite de um público mais amplo, iletrado. Nessas narrativas, vemos damas nobres participarem de ações militares; mas, no mais das vezes, elas agem como coadjuvantes, seja transportando munições para os combatentes, seja organizando a resistência de uma cidade sitiada. Nenhuma atua como chefe militar. Para encontrar mulheres no comando, é preciso voltar aos mitos gregos e latinos, às amazonas. Enfim, não foi sem hesitação que, durante uma cerimônia que se assemelha à sagração de um cavaleiro, o delfim e seus conselheiros deram à Joana uma armadura, uma espada e um estandarte. Ela recebe suas armas com respeito, mas sem alegria. Quanto mais empunha sua bandeira com orgulho, mais desdenha de sua espada, pois Joana se recusa a matar e mesmo a fazer o sangue correr. Apesar de ser evidentemente político e militar, seu objetivo conserva uma dimensão moral e religiosa; ela fala de purificação, de reforma, de salvação.

Destaquemos, porém, que as armas de Joana chocam menos que suas roupas masculinas. Nessa época, a maneira de se vestir está pouco relacionada a uma escolha pessoal; o hábito faz o monge, indica o sexo, a condição social, a profissão, a função. Acompanha as idades da mulher, exprime sua modéstia e submissão. A legislação canônica e os regulamentos municipais se complementam para delimitar os usos: se travestir só é permitido nos dias de carnaval. Joana usa roupas de homem e corta seus cabelos assim que sai de Vancouleurs; não para enganar seu próximo, mas por simples prudência, para viajar em maior segurança. Em seguida, continua a vestir roupas de homem para cavalgar e combater. Ao longo de seu processo, seus acusadores lhe recriminarão duramente por isso, como um sacrilégio. Evocarão o Deuteronômio (capítulo 22) para provar que o próprio Deus impôs aos homens e às mulheres o uso de roupas diferentes; citarão o apóstolo Paulo, que insiste com as mulheres para que usem véu. Finalmente, a condenação de Joana e seu suplício terão por principal motivo o fato de ela ter voltado a usar suas roupas de homem na prisão.[9] Declarada herege e reincidente, ela é condenada à fogueira e queimada viva em Rouen, em 1431. É reabilitada em 1456, pois é do interesse do rei Carlos VII. Será preciso esperar pelo século XX para assistir à sua beatificação (1909) e à sua canonização (1920):

dessa vez por interesse da Igreja. Em seu tempo, Joana manifestou não só o poder misterioso das donzelas, mas também a realidade de seu declínio.

Notas

[1] Y. Verdier, *"Le Petit Chaperon rouge dans la tradition orale", Les Cahiers de la littérature orale*, 1978, IV.

[2] A. Boureau, "L'imene e l'ulivo. La verginità femminile nel discorso della chies anel XIII secolo", *Quaderni storici*, dezembro de 1990, 75, n. 3.

[3] R. Bakkaï, *Les Infortunes de Dinah, ou la gynécologie juive au Moyen Âge*, Le Cerf, 1991.

[4] E. Berriot-Salvadore, *Un corps, un destin. La femme dans la médecine de la Renaissance*, Champion, 1993.

[5] Citado por L. Moulinier, "Le corps des jeunes filles dans les traités médicaux du Moyen Âge", em L. Bruit-Zaidman, G. Houbre, C. Klapisch-Zuber, P. Schmitt-Pantel (dir.), *Le Corps des jeunes filles de l'Antiquité à nos jours,* Paris, Perrin, 2001.

[6] A palavra "defloração" se difundiu no século XIV para designar o ato que priva uma jovem de sua virgindade.

[7] Agradeço a Évelyne Berriot-Salvadore que me ajudou a encontrar referências preciosas.

[8] A bibliografia relativa a Joana D'Arc ocuparia sozinha um grande volume, ou vários. Os pontos de vista foram recentemente renovados por Colette Beaune: *Jeanne d'Arc*, Paris, Perrin, 2004, e *Jeanne d'Arc, vérités et légendes*, Paris, Perrin, 2008.

[9] S. Steinberg, *La Confusion des sexes. Le travestissement de la Renaissance à la Révolution*, Fayard, 2011. Ver também CLIO, *Femmes travesties: un mauvais genre*, op. cit.

A carne e o espírito

Nem a violação nem a mística são reservadas às virgens mais que às outras mulheres. Além disso, reuni-las em um mesmo capítulo pode parecer arbitrário e paradoxal. Mas, então, o que ambas têm em comum? Primeiro, tanto a violação quanto a mística colocam o corpo virginal sob pressão. E, sobretudo, revelam o impacto do cristianismo. Ao dar às jovens a liberdade de permanecer virgem, a Igreja abriu uma brecha na dominação masculina. Com quais consequências? Digamos, em resumo, que alguns homens ímpios fizeram de tudo para manter suas prerrogativas, ao passo que, por sua vez, as jovens devotas se apoderaram de sua virgindade para fazer dela um instrumento de promoção espiritual.

JUNTO AOS HOMENS,
A VIOLÊNCIA DO CORPO[1]

No contexto do casamento cristão, deflorar a esposa virgem é direito e dever do marido durante a noite de núpcias. Não é apenas a posse da mulher pelo homem, é a confirmação carnal de uma união sagrada, abençoada por Deus, indissolúvel. É a inauguração da vida de um casal que se propõe a procriar. Todavia, a literatura libertina, erótica, pornográfica testemunha abundantemente o fato de que, para certos homens, violar uma virgem fora do casamento proporciona uma excitação intensa e particular. Segundo o romance libertino *Thérése philosophe ou mémoires pour servir à l'historie du Père Dirrag et de Madeimoiselle Éradice* (*Teresa filósofa*), de 1748 e autoria contestada, é essa ideia que as jovens têm.[2] Sade leva tais fantasias ao superlativo. Sua Juliette é "deflorada" cerca de cem vezes em quatro meses porque a Duvergier sabe reparar uma virgindade perdida e vender as "primícias" a seus muitos amantes.

Violação e defloração

A defloração é vista como um ato mágico; simultaneamente ferida que sangra e revelação do prazer, ela supostamente provoca uma alteração decisiva na fêmea humana. Conscientemente ou não, o macho humano espera, com emoção, a metamorfose da menina em mulher e todo o imprevisto que pode decorrer daí. "O homem cria a mulher", dirá complacentemente Michelet. O desejo ardente de ser "o primeiro" talvez sempre tenha existido, mas se torna mais visível nas épocas em que a autoridade da Igreja se enfraquece: no século XVI, no Iluminismo. Muitos homens cedem às suas pulsões acreditando manifestar assim sua força viril e a dominação irrecusável do sexo forte. Toda menina, toda mulher desprotegida, é uma presa. Os jovens, sobretudo quando em bando, jamais têm escrúpulos. Jacques Rossiaud,[3] historiador especialista da era medieval, descreveu as façanhas de tais grupos em Dijon durante os últimos séculos da Idade Média. Esses comportamentos são observáveis em todas as épocas e lugares.

Deve ser destacado que, após a violação, a vítima é praticamente marginalizada. Sendo a virgem, como na Antiguidade, apenas a propriedade de seu pai, a violação equivale a um roubo, uma espoliação. A agressão atenta contra a honra de todos os que não souberam defender um bem tão precioso: pai, irmãos, família. Tais casos se resolvem, portanto, entre homens, frequentemente pela violência. A cristianização nada mudou. Essa tradição permanece fortemente ancorada nas consciências masculinas.

Apesar disso, os estatutos sinodais colocam a violação e os "raptos" de virgens entre os crimes de maior gravidade, da alçada do bispo: o culpado carrega "a responsabilidade por todos os pecados que elas [as jovens corrompidas] venham a cometer por devassidão carnal". De igual modo, os jurisconsultos denunciam a "violação de mulheres" como um "crime execrável", ato de um "bode fétido". Quando o crime é cometido contra uma virgem, a pena não pode ser inferior à morte e "deve chegar mesmo à execução pela roda, se a virgem ainda não for absolutamente núbil." Entretanto, esses textos não são leis formais e codificadas e deixam larga margem para a interpretação dos juízes. Ora, constata-se que sob o Antigo Regime as queixas e processos são raros, as sanções, ainda mais. Por quê?

A eterna tentadora

Lembremos que a Igreja desqualifica o ato carnal em si mesmo. A luxúria é sempre bestial, sórdida; ela desafia Deus, que criou o homem à sua imagem e semelhança. Em caso de violação, a vítima também é conspurcada; ela sofre um menosprezo que a estigmatiza por toda sua vida. Compreende-se que os pais prefiram guardar segredo de tal humilhação. A publicidade de um processo é ainda mais temível pelo fato de a jovem ter poucas chances de receber crédito por sua palavra. Tendo em vista o peso das sanções, os juízes pedem provas, sempre difíceis de serem obtidas. O exame da vítima por um médico ou parteira quase nunca traz uma resposta decisiva. Em todo caso, o acusado se defenderá afirmando que a jovem consentiu ou até mesmo o provocou.

Como a pulsão sexual continua a ser vista como irresistível, os homens rejeitam a responsabilidade para com as filhas de Eva, eternas tentadoras, cujo apetite carnal é considerado insaciável. Quem é mais culpado? O juiz coloca a jovem à prova; ele lhe ordena que introduza uma espada na bainha, mas ele próprio segura a bainha e a movimenta sem parar: "Você está vendo? Se você tivesse se debatido, ele não teria conseguido fazer nada." Essa convicção é geral: um homem sozinho não pode violentar uma mulher que se recusa. Ninguém leva em conta as diversas formas de intimidação que a vítima pode sofrer. A jovem que engravida após ser violentada é ainda mais suspeita, pois, de acordo com os discípulos de Galeno, a gravidez resulta da mistura das sementes masculina e feminina. Ora, a emissão de sementes resulta do prazer sentido durante o coito, prazer que testemunha a cumplicidade feminina; daí o silêncio das famílias. Por vezes, os pais tentam negociar com o agressor para obter uma reparação. Esse silêncio é ainda mais pesado em caso de incesto. Aquela que viveu uma relação durável com seu pai (irmão ou outro parente próximo) é julgada tão culpada quanto ele, mesmo que essa relação tenha sido, desde o início, imposta a ela.

Todavia, os princípios se adaptam às condições sociais. Se, por um lado, em termos jurídicos, o "direito à primeira noite" jamais existiu, por outro, não é pura fantasia. Um homem rico e poderoso pode deflorar uma jovem serva com toda tranquilidade. Se ele for justo e generoso, lhe oferece uma "reparação": dá um dote e um casamento à menina, mas nada o obriga a fazê-lo. Por outro lado, se um escudeiro ou criado for louco o bastante para violentar uma jovem de boa família, ele não poderá escapar às piores sanções. Entretanto, existem nuanças. A palavra "rapto" é frequentemente preferida à palavra "violação" quando se trata de uma virgem. Os textos distinguem o "rapto de violência", em que a jovem é tomada à força, e o "rapto de sedução", em que ela consente. O rapto de violência é julgado menos grave – acontece de a própria vítima perdoar o agressor em razão do estado de desvario que ela constata nele. Já o rapto de sedução supõe no culpado uma premeditação e uma estratégia que desafia os poderes paternal e maternal. A violação, repetimos, é um negócio entre homens.

É bem o que mostra Choderlos de Laclos no romance *Ligações perigosas,* de 1782. O visconde de Valmont seduz e deflora Cécile de Volanges, noiva do conde de Gercourt, com o único fim de ridicularizá-lo, corneando-o antes das núpcias. A adolescente de 15 anos é totalmente manipulada; por sua mãe, que lhe arranja um marido sem consultá-la; por sua confidente, a marquesa de Merteuil, que quer se vingar de Gercourt; pelo devasso Valmont. Ingênua e sensual, recém-saída do convento, ela parece não ter recebido nenhuma advertência acerca das realidades carnais do amor. Vários quadros de Greuze (*La Cruche cassée*) confirmam que as jovens se deixam surpreender-se mais ou menos com frequência.

Um lento reconhecimento das vítimas

O conjunto das disposições mencionadas anteriormente evoluiu com o tempo sob o efeito de diversos fatores, entre os quais dois certamente foram determinantes. Um é o grande progresso dos saberes; sobretudo, a partir do século XVII, cirurgiões e médicos passam a dedicar-se às "doenças das mulheres", examinando mais atentamente as partes ditas "vergonhosas". Vulva, pequenos lábios, clitóris, vagina, hímen e carúnculas mirtiformes são objeto de descrições minuciosas;[4] as marcas de uma defloração recente ou de uma penetração anal podem então ser mais bem registradas. O outro fator, mais decisivo, é a atenção crescente dada às crianças: as violências sofridas por meninas pequenas (mais raramente, meninos), de 5 a 10 anos, provocam indignação geral; as famílias ousam, então, registrar queixa e o juiz se instrui da melhor forma possível. É verdade que os preconceitos e as representações inscritas no inconsciente coletivo se modificam apenas lentamente e que a virgindade feminina permanece antes de tudo um lugar de expressão da dominação masculina, em que rivalidades entre homens estão em jogo. Entretanto, o número de queixas cresce, o sofrimento das vítimas é levado cada vez mais em conta. Uma nova sensibilidade desperta.

DO LADO DAS MULHERES, A ELEVAÇÃO MÍSTICA DA ALMA[5]

Ao mesmo tempo, por sua vez, as jovens se apropriam de sua virgindade; elas sabem encontrar aí uma fé esplêndida, uma expansão espiritual e um reconhecimento social.[6] A Igreja, ainda que reticente, dá livre curso à sua criatividade.

A espiritualidade feminina

Na cristandade, a mística feminina ganha uma forma essencialmente afetiva: é para se unir aos sofrimentos do Cristo que as místicas violentam o próprio corpo. Do século XII ao final do XVII, a mística cristã é ilustrada por figuras femininas de primeiro escalão, grandes santas universalmente reconhecidas como mediadoras com o além. Ouvidas, lidas, consultadas, veneradas, elas certamente vão ao encontro das necessidades sociais. Explicar tais manifestações unicamente pelo contexto histórico, temporal ou mesmo espiritual parece difícil. Embora atuem nos períodos de renovação religiosa (reforma da ordem cisterciense, florescimento de ordens mendicantes, contrarreforma católica) ou durante agitações sociais, e os modos de expressão e ação mudem conforme as épocas e os locais, o que continua a ser fascinante – fora do alcance da compreensão dos historiadores – é a participação de seu corpo na expressão de sua devoção. Esse fenômeno atravessa os séculos, quaisquer que sejam as circunstâncias. A medicina moderna fala de "somatização". Essas mulheres vivem uma fé resplandecente, experiências inefáveis; elas dão uma dimensão sublime à santidade. Como todas as grandes místicas, escrevem páginas eróticas soberbas, comparáveis ao "Cântico dos cânticos".

Em menor grau, outras singularidades podem surpreender. Essas jovens dão prova de uma confiança soberana; ousam falar, pregar em público, discutir com os teólogos mais eruditos. Melhor ainda, atrevem-se a escrever (ou ditar) profusamente – são poemas líricos, cartas aos reis, aos prelados, tratados eruditos, apologias apaixonadas. É verdade que se beneficiam de visões, que dialogam com interlocutores celestes, dos quais transmitem as diretivas, e é por isso que, com frequência, os confessores, bispos e mesmo papas, as encorajam. A misoginia do clero não é sistemática. Ao menos enquanto as profetizas não ameaçarem a autoridade da Igreja; em caso de rebelião, podem ir para a fogueira por crime de heresia.

As profetisas medievais

O florescimento de uma cultura espiritual se torna perceptível no meio feminino em razão do movimento das beguinas, que se desenvolve do século XII ao XV nas cidades do norte da Europa. As mulheres que o criaram recusam qualquer relação carnal, mas rejeitam igualmente o convento e sua disciplina. Todas são estudiosas, algumas muito eruditas, leem em latim os Pais da Igreja e pregam nas ruas comentando a Bíblia. A Inquisição logo suspeita que tenham afinidades com o movimento do Livre Espírito, considerado herético, e por isso elas progressivamente se juntam às ordens terceiras, franciscana ou dominicana.

As beguinas desprezam os bens do mundo, mas, ao que parece, não maltratam seu corpo. Outras místicas, ao contrário, se distinguem pelas mortificações que se autoinfligem. Primeiro, recusando se alimentar.[7] Todas as cristãs obedecem à Quaresma: o jejum constitui uma penitência ritual, que santifica o corpo associando-o aos sofrimentos do Salvador. Sua singularidade vem do fato de as místicas medievais excederem as prescrições do culto e se privarem de alimentos permanentemente. Diversas interpretações para esse comportamento foram propostas. A mais banal se refere ao dualismo cristão que ensina o desprezo do corpo. Outra interpretação: as filhas de Eva, mais "carnais" que os homens, mais dominadas por seu corpo, não podem se elevar na ordem do espírito senão mediante uma ascese mais rigorosa. Enfim, uma terceira interpretação valoriza a relação privilegiada das mulheres com a alimentação.[8] Amamentar, produzir alimentos (na horta, no galinheiro), amassar e assar o pão, preparar refeições e conservas, essa é sua função "natural", vital, que impregna sua devoção e lhe confere uma coerência simbólica. O jejum perpétuo parece desmentir essa função. As virgens místicas não têm apetite a não ser pela hóstia consagrada.

A medicina científica do século XX denominou a privação voluntária de alimentos de *anorexia mental*, doença psicológica grave, que afeta as moças muito mais que os rapazes. Esse problema já existia no século XIII sob a forma de *anorexia religiosa*? Não ousamos afirmá-lo. Entretanto, os casos observados são desconcertantes. Uma das primeiras a se dedicar ao jejum é Clara de Assis, discípula de Francisco, fundadora da ordem das clarissas,[9] mas a mais célebre é sem dúvida Catarina de Siena (1347-1380).[10]

Trata-se de um caso extremo. Catarina é a vigésima terceira filha de sua mãe, que colocou 25 no mundo, quase todos mortos em tenra idade por terem sido desmamados muito cedo em razão de uma nova gravidez. Catarina vê, assim, sua irmã preferida morrer ainda de fraldas. Corpo de mulher, corpo maldito, que dá a morte! Ela mal havia completado 6 ou 7 anos quando o Cristo lhe aparece pela primeira vez. Por volta dos 12 ou 13, compreende que sua mãe a destina ao casamento. Então, multiplica os gestos de revolta, raspa seus cabelos, se flagela até sangrar e, sobretudo, rejeita os alimentos, não aceitando nada além de pão, frutas e legumes crus. Ao longo dos anos suas rações não cessam de reduzir. Catarina recusa a feminilização de seu corpo e, acima de tudo, o surgimento de suas regras, sangue impuro e nauseabundo. Ao mesmo tempo, se instrui apaixonadamente. Com 17 anos já prega na cidade com grande sucesso, procura e visita os doentes, cuidando de suas chagas com adoração (ela chega ao ponto de sugar o pus que escorre do seio de uma mulher que sofre de um câncer). Com 20 anos se filia à ordem terceira dos dominicanos. Em 1374, a assembleia geral dos irmãos pregadores, reunida em Florença, a convoca e aprova oficialmente seu modo de vida e sua pregação, mas a confia a um confessor. Pouco depois, os estigmas da Paixão marcam seu corpo; ela, então, se lança em um empreendimento político-religioso, esforçando-se para colocar fim ao grande cisma do

Ocidente e preparar uma nova cruzada contra o islamismo. O fracasso das iniciativas em nada diminui seu brilho. Prega com entusiasmo por toda parte para a salvação da Igreja e das almas. Dita textos frequentemente violentos; faz críticas ácidas contra os costumes de seu tempo, inclusive os do clero, alternando-as com elãs de amor pela obra divina e pelos pobres humanos. Durante seus últimos dias, não come absolutamente nada. Morre de caquexia, de inanição, aos 33 anos (como Jesus). Canonizada em 1461, proclamada padroeira da Itália em 1939, em 1970 foi também reconhecida como "Doutora da Igreja".

As devoções da Idade Moderna

São poucas as profetisas na Idade Moderna, pois a Igreja impõe disciplinas mais rígidas, embora o florescimento da espiritualidade feminina não se reduza na mesma medida. Para reagir às posições assumidas pelos protestantes, durante o Concílio de Trento (1545-1563) a Igreja Romana reafirma enfaticamente a superioridade do celibato e da castidade. A virgindade em si mesma não é objeto de nenhum debate, mas fortes sinais revelam que ela é revalorizada na pastoral e, por isso, as virgens mártires dos primeiros séculos recebem honrarias. A Igreja encoraja as escavações para encontrar suas ossadas e organizar seus cultos. Aqui e ali elas suplantam os locais santos. A Virgem Maria é objeto de novas devoções, como o ângelus e o mês de Maria. A arte barroca deixa de lado as representações da Anunciação e mesmo as da Virgem com o Menino, até pouco tão populares, e passa a preferir as imagens da Imaculada Concepção,[11] em que a Virgem está sozinha, Rainha do Céu, mais virgem que mãe.

Nessa renovação religiosa, as mulheres desempenham um papel importante, especialmente as das camadas superiores, cada vez mais instruídas, mais ávidas de espiritualidade. A reforma do carmelado realizada por Teresa de Ávila talvez seja a expressão mais notável desse zelo ardente. A devoção feminina resplandece e, ao mesmo tempo, se interioriza em um desejo de perfeição individual. Consagradas ou não, virgens e viúvas, mães e filhas, unem seus esforços. Maria da Encarnação (Barbe Jeanne Avrillot – 1566-1618), prima do cardeal Bérulle e mãe de seis filhos, introduz, não sem dificuldade, o carmelado na França. Suas três filhas se tornaram carmelitas e Maria juntou-se a elas assim que se tornou viúva.

Essas devotas inventam formas de devoção que os mais altos prelados respeitam: o "estado de oração" e o "espírito de infância". O estado de oração é uma experiência recomendada por Teresa de Ávila – quando se desliga do sensível e do inteligível pela prece e pela meditação, a alma pode alcançar a contemplação e, mais adiante, a infusão da luz divina. A alma sofre então um efeito comparável ao que o fogo produz na madeira: a incandescência. O corpo pode ser afetado. Teresa conhece momentos de êxtase, de "transverberação"; ela os descreve não como sinais de eleição, mas como sintomas de fraqueza física, dos quais se envergonha um pouco.[12] Teresa sabe exprimir a mística do carmelado com um carisma entusiasmado, cheio de alegria, poesia e música. Daí seu charme, seu sucesso, sua difusão. Ela foi beatificada em 1614, canonizada em 1622 e proclamada "Doutora da Igreja" por Paulo VI em 1970. Já o espírito de infância é um esforço de aniquilação, uma perda de si. O Menino Jesus, símbolo de fraqueza, pobreza e humildade absoluta, se torna, no século XVII, objeto de uma devoção sem precedentes. O culto seduz, sobretudo, as meninas e as mulheres, mas é um homem, o cardeal de Bérulle, que lhe dá uma base teológica. Algumas personalidades encontram aqui o ponto de apoio para uma elevação espiritual que impressiona as populações, que está além das portas do convento. Essas mulheres são honradas e consultadas como profetizas; "dirigem" seus líderes espirituais! Essa influência crescente, que inverte as relações hierárquicas, acaba por preocupar o magistério eclesiástico. Bossueto se empenha com sucesso em neutralizar esse tipo de apostolado, sem eliminar a devoção que ele exprime.

O claustro e o véu

A reforma do carmelado não é senão o exemplo mais ilustre de uma renovação geral da vida cenobítica feminina, que atinge o apogeu no século XVII. As jovens que ouvem o chamado de Deus entram no convento primeiro como "noviças", prova que dura vários anos. Em seguida, ao longo de uma cerimônia solene, elas pronunciam os três votos, de pobreza, castidade e obediência, e recebem a bênção do bispo. Seu engajamento é então definitivo – é muito difícil se "libertar" de seus votos, e aquela que parte sem autorização sujeita-se à "excomunhão", castigo pesado, que exclui a culpada da sociedade cristã. No entanto, Teresa de Ávila descreve esse confinamento como uma libertação. É se libertar das vãs obrigações do mundo; é sobretudo escapar à sujeição do casamento, que submete a mulher a um único homem, ao passo que ao desposar Deus ela amará todas as criaturas. Teresa recomenda às suas jovens que se conduzam não como fracas mulheres, mas como homens livres, em busca do absoluto.

Se o claustro separa e protege as virgens materialmente por meio de muros, grades e cortinas espessas, a clausura é também interior: a monja vive de olhos baixos para evitar todo risco de dissipação mental, só recebe visitas em caso de urgência e se guarda de todo contato corporal. O regulamento impõe a vida comum à autoridade de uma madre superiora (nomeada pelo bispo); um emprego regrado do tempo proíbe toda atividade pessoal, exceto a prece. Ascese controlada, que domina o corpo e evita os excessos da mortificação.

As irmãs "recebem o hábito" em uma cerimônia. Cada peça do vestuário é carregada de simbolismo, sendo que o primeiro objetivo é dessexualizar a mulher. Por cima do vestido, a irmã usa um escapulário, peça de tecido que dissimula as curvas frontais e posteriores. Uma murça esconde o pescoço. Na touca que oculta os cabelos, um alfinete prende um véu que cobre a cabeça e os ombros. Formas e cores variam de uma ordem para outra, indicando as nuanças da vocação. As religiosas amam suas roupas, expressão de sua devoção. O claustro e o véu apagam a feminilidade, como que para lembrar que as filhas de Eva continuam a ser responsáveis, se não culpadas, pelas tentações que inspiram.

As "apostólicas"

"Apostólicas" são as que querem servir a Deus e suas criaturas, mas, ao mesmo tempo, recusam tanto o casamento quanto o claustro. Desde o início do cristianismo, grandes damas, como Olímpia ou Marcelina (ver capítulo "O cristianismo"), se dedicam aos pobres, órfãos e doentes. As primeiras "virgens consagradas" frequentemente fazem o mesmo. Todas agem individualmente.

As primeiras comunidades de apostólicas parecem ter-se constituído nos asilos onde eram acolhidos os mais miseráveis – encontramos seus traços a partir do século XII. O magistério eclesiástico lhes permite pronunciar "votos simples", que lhes impõem certas regras de vida, deixando-lhes total liberdade para sair e agir no mundo. O florescimento das cidades multiplica seu número, e a criação das ordens mendicantes, no começo do século XIII, contribui para justificar suas atividades.

Clara de Assis quis criar um ramo feminino da ordem franciscana, mas seus superiores não o consentiram. Por outro lado, surgem ordens terceiras – associações de devotos que se inspiram na espiritualidade dessa ou daquela ordem religiosa e respeitam certas regras sem deixar de "viver no século". As ordens terceiras franciscana e dominicana atraem, assim, as devotas que recusam o convento.

Outra missão suscita vocações: a educação das meninas. As agitações religiosas do início do século XVI deixam as consciências bastante inquietas. Ângela Merici (1474-1540) imagina reformar a sociedade valendo-se da educação cristã das jovens e de suas mães. Com esse objetivo, funda em Brescia uma "companhia", que é colocada sob o patronato de Santa Úrsula,[13] e cria para as "virgens senhoras" um estilo de vida adaptado. Essa iniciativa será varrida pelos decretos do Concílio de Trento. Do mesmo modo, Joana de Chantal, também preocupada em oferecer uma formação às jovens, quer dar uma constituição original, com um claustro mais leve, à ordem da Visitação Santa Maria, criada por ela. Apesar do apoio de Francisco de Sales, Joana não consegue fazer com que seu projeto seja aceito. Tanto as visitadinas quanto as ursulinas são obrigadas a se dissolver em uma profissão de fé solene. Ao saber desses fracassos, Vicente de Paula assume o risco de ignorar a lei. A partir de 1633, ajudado por Louise de Marillac, ele reúne devotas dos meios modestos decididas a socorrer a angústia física e moral dos miseráveis. Elas pronunciam votos privados, mas não se fecham em conventos nem usam os hábitos das monjas, mas as vestimentas de sua província, e moram em pequenos grupos nas paróquias, circulando livremente para realizar sua missão de assistência. Essas "filhas da Caridade" não são "verdadeiras religiosas", mas conhecem muito rapidamente o sucesso. Se acrescentarmos que as religiosas, mais numerosas que os padres, partiram em missões para converter os povos do Novo Mundo, haveremos de convir que as virgens cristãs marcaram a Idade Moderna com uma forte presença. A virgindade abria, então, às mulheres uma forma de autonomia e uma via de acesso ao poder.

Notas

[1] Vigarello Georges, *Histoire du viol. XVIe-XXe siècle*, Paris, Seuil, 1998.

[2] Esse romance, publicado em Haia em 1748, é atribuído ao marquês de Argens.

[3] Jacques Rossiaud, *Prostituição na Idade Média*, trad. Claudia Schilling, Rio de Janeiro, Paz e Terra, 1991.

[4] O doutor Nicolas Venette (1633-1698) popularizou tais saberes em seu *Quadro do amor considerado no estado de casamento* (1686). Essa obra, logo traduzida para cinco idiomas, conheceu grande sucesso e numerosas edições até o começo do século XX.

[5] Ver *Dictionnaire de spiritualité ascétique et mystique,* op. cit.; *Femmes et religions*, CLIO, 1995, n. 2; *Chrétiennes*, CLIO, 2002, n. 15. Ver também J. Gelis, "O corpo, a igreja e o sagrado", em Alain Corbin, Jean-Jacques Courtine e Georges Vigarello, *História do corpo*, Petrópolis, Vozes, 2008, tomo I, capítulo I; D. Régnier-Bohler, "Voix littéraires, voix mystiques", em Georges Duby, Michelle Perrot, *Histoire des femmes en Occident*, t. II, Le Moyen Âge, Plon, 1991, capítulo XII, E. Schulte Van Kessel, "Vierges et mères entre ciel et terre", em Georges Dubye, Michelle Perrot, *Histoire des femmes en Occident*, t. III, XVIe-XVIIIe siècles, Plon, 1991, capítulo V.

[6] Lembremos que Elizabeth da Inglaterra, a "rainha virgem", encontrou aí a garantia de um poder quase absoluto.

[7] R. M. Bell, *L'Anorexie sainte. Jeûne et mysticisme, du Moyen Âge à nos jours*, Paris, PUF, 1994.

[8] C. Bynum, *Jeûnes et festins sacrés. Les femmes et la nourriture dans la spiritualité médiévale*, Le Cerf, 1994.

[9] Clara de Assis desejava levar a mesma vida que os mendicantes, mas ela teve que se resignar ao claustro sob as ordens de seus superiores. Ela foi a primeira mulher a redigir ela mesma uma regra monástica.

[10] J. Maitre, "Sainte Catherine de Sienne: patronne des anorexiques?", *Femmes et religions*, CLIO, 1995, n. 2. Esse artigo precedeu a obra principal do autor: *Mystique et féminité. Essai de psychanalyse socio-historique*, Le Cerf, 1997. Ver também J. P. Albert, *Le Sang et le Ciel. Les saintes mystiques dans le monde chrétien*, Aubier, 1997.

[11] D. Cerbelaud, *Marie, un parcours dogmatique*, op. cit.

[12] Marie Bonaparte viu aí uma forma de histeria.

[13] Uma lenda relatava que em Colônia, no tempo das perseguições, Úrsula havia conduzido ao martírio 11 mil virgens.

O surgimento da moça

Uma revolução demográfica e antropológica capital se produziu durante o Antigo Regime: a idade das noivas aumentou. No tempo de Joana D'Arc, a maior parte das meninas se casava por volta dos 15, 16 anos; no final do século XVIII, elas frequentemente esperam até os 25 ou mais. Portanto, oito ou dez anos podem se passar entre a puberdade e o casamento. Durante esse lapso de tempo, a menina fica adulta, seu caráter se afirma, seus desejos e vontade se exprimem. Inicia-se, então, um debate sobre a educação das meninas que durará três séculos, no centro do qual se encontra sempre a mesma questão, mais frequentemente implícita: como guardá-las "puras" até o casamento, agora tardio? A sociedade da Idade Moderna quis persuadir as virgens a se guardarem sozinhas forjando-lhes armas morais eficazes. A sociedade também aumentou o peso da culpa das que cediam a suas pulsões, sem, todavia, privá-las de amparo.

A DEMORA NO CASAMENTO

Primeiro, por que essa demora? Para casar seus filhos, as famílias levam em conta interesses materiais: é preciso que o jovem casal tenha do que viver e como criar a prole. Ora, nas sociedades rurais e artesanais de antes da expansão industrial, as fontes de recurso em geral aumentam menos rapidamente que o número de habitantes – no século XVII torna-se cada vez mais difícil fornecer aos jovens condições dignas para que iniciem a vida. Ao mesmo tempo, a preocupação em aliviar os encargos familiares começa a se exprimir confusamente – o casamento tardio foi uma das primeiras formas de contracepção, assim como a entrada das jovens excedentes nos conventos exerceu o papel de regulador demográfico.

Os aspectos econômicos são transmutados nos ensinamentos da Igreja. Após ter instituído o casamento como sacramento nos séculos XII e XIII,[1] a Igreja reafirmou com firmeza sua indissolubilidade no Concílio de Trento. Os futuros esposos que vão assumir um compromisso por toda a vida devem ter idade para dar um consentimento consciente, para consumar plenamente o ato e assumir suas consequências naturais, como a vinda dos filhos ao mundo e sua educação. Ao mesmo tempo, sem desqualificar o ato carnal que perpetua a espécie humana, a Igreja insiste em valorizar a continência, mais favorável, acredita, à espiritualidade. Essa doutrina reaviva o prestígio da virgindade e encoraja a jovem virtuosa a se guardar por mais tempo. Mesmo que não preguem a continência, os protestantes não são, na prática, menos rigorosos.

Segundo as leis e os costumes, cada vez mais influenciados pelo direito romano, a autoridade paternal permanece quase absoluta. A menina que, ao crescer, toma consciência e posse de sua virgindade não pode dispor dela legal e praticamente, a não ser em limites estreitos: aceitar o esposo escolhido por seus pais ou o convento. Na prática, tudo depende do contexto familiar e social. Nas linhagens nobres, notadamente nas famílias reais, acontece de se praticar o casamento púbere, a fim de que seja sem demora assegurado o futuro da monarquia. Ana da Áustria e o futuro Luís XIII mal tinham 15 anos no dia de suas núpcias. Fora desses casos excepcionais, o destino de uma jovem de boa condição depende mais frequentemente de seu dote e lugar na comunidade. Os pais que têm várias filhas casam a mais velha – ou a mais bonita – assim que podem constituir-lhe um dote conveniente. Desse modo, as mais novas têm poucas chances de encontrar um interessado – um dote modesto praticamente não pode assegurar senão um lugar em um convento. Um exemplo é o das netas de madame de Sévigné,Marie-Blanche e Pauline de Grignan. Marie-Blanche, com um dote de seis mil libras, faz seus votos aos 18 anos no convento da Visitação, onde foi criada; Pauline, com sessenta mil libras de dote, desposa o marquês de Simiane. A alta e a média burguesia procedem da mesma forma.

Nas famílias humildes, as jovens excedentes são empregadas como domésticas e correm o risco de ser "subornadas" ou seduzidas ainda muito novas. Nos meios menos honrados, uma menina virgem pode ser vendida muito cedo por sua própria mãe a um "protetor" mais ou menos generoso – foi o caso de Ninon de L'Enclos (1620-1705), cortesã e mulher de letras. Enfim, não esqueçamos que os mercados de escravos ainda existiam no século XVII em algumas cidades. Em Marselha, por exemplo, as jovens à venda eram frequentemente mostradas nuas: é dizer o tipo de serviço que se espera delas.

Nessa matéria, os sentimentos apenas raramente são levados em conta. Uma jovem com um dote pequeno nem sempre entra para o convento com o coração alegre, mas nele encontra uma segurança e uma dignidade bem apreciáveis. O imenso prestígio acordado à virgindade a põe a salvo de toda humilhação; ela não é uma "deixada por conta", uma descartada; ela recebe a "melhor parte". As vocações são frequentemente sinceras, quando não entusiasmadas. Assim, Marie-Blanche de Grignan, a neta de Madame Sévigné, decide permanecer por vontade própria em seu convento, do qual, aliás, se torna madre superiora. Sua irmã, Pauline, foi tentada pela vida religiosa antes de aceitar o casamento. No campo oposto, uma jovem que desejar se retirar do mundo deve por vezes empregar uma grande energia para escapar a uma aliança que seus pais julgam vantajosa. Os filhos homens quase não recebem melhor tratamento, pois essas sociedades não têm meios de levar em conta os desejos individuais, e os filhos o sabem de longa data.

AS VIRGENS DOMESTICADAS

A demora no casamento faz surgir uma figura nova, a da "moça". A expressão só será empregada de forma corrente no século XIX, mas a personagem emerge antes. As famílias e a sociedade organizam a educação virginal com o objetivo de conseguir que as moças saibam e queiram salvaguardar por si mesmas sua preciosa virgindade. As modalidades variam conforme os meios.

No campo, "prometidas" e "prometidos"

Desde a Alta Idade Média celebra-se a "*rosière*" nos vilarejos e paróquias.[2] Anualmente, os habitantes se reúnem para eleger uma moça de conduta exemplar e coroá-la em uma grande festa. A juventude, a pureza, a vitalidade da beldade encarnam a força da renovação, a fé no futuro. As pessoas atribuem à virgindade uma virtude protetora – como se viu a propósito de Genoveva ou Joana D'Arc.

Todavia, as maiores festas rurais são as núpcias. Na Idade Moderna, os camponeses ainda vivem muito próximos da natureza. Um folclore imemorial, a celebração da semeadura e da colheita, toda uma cultura agrária, levam os jovens a participar da renovação da vida e da espécie. Os amores primaveris florescem espontaneamente. A autoridade paternal permanece intransponível, mas leva em conta a realidade do casamento tardio. Para que a moça espere as núpcias sem muita dificuldade, deixam-lhe algumas liberdades. A masturbação, como foi dito, não choca ninguém. Em *Les Caquets de l'accouchée*, de 1622, um texto satírico, uma mãe, inquieta com a enorme fecundidade de sua filha casada, declara: "Se eu soubesse que minha filha seria tão rápida no serviço, eu a teria deixado esfregando sua parte da frente até os 24 anos, sem casá-la".

A partir dos 15 anos, os jovens entram em "sociedades da juventude", moças de um lado, rapazes de outro. Sua educação é concluída em grupo, com a anuência dos pais, mas longe de sua vigilância. O grupo dos rapazes domina o das moças, cuidando para que nenhuma frequente (se relacione) com um estrangeiro, alguém que não seja do vilarejo. Entre as moças, das mais velhas às mais novas, diversas iniciações são transmitidas. Essa segregação não impede minimamente as aproximações entre os sexos. Na prática, os casais se formam muito cedo, sobretudo nos vilarejos onde todo mundo se conhece.[3] Em seguida, encontram juntos meios de esperar.

Por tradição, o rapaz toma a iniciativa, mas sua declaração é mais ou menos padrão. Em certo vilarejo da Alta Provença, após as colheitas, as moças fazem uma roda em torno das medas e o rapaz bate no traseiro daquela que o agrada.

O APOGEU DA VIRGINDADE FEMININA

Em outros locais, ele oferece pequenos presentes simbólicos, como uma flor. Em quase toda parte, uma linguagem codificada permite à moça se fazer entender sem que sua resposta magoe o pretendente (por exemplo, deixando cair a flor em caso de recusa). Ela ouve os conselhos dos pais, mas estes, por sua vez, respeitam uma escolha razoável. Se o pretendente é aprovado, os dois jovens são considerados oficialmente "prometidos". Em relação aos noivados, instituição herdada do direito romano e conservada em certas províncias, a Igreja se mostra mais que reservada por temer encorajar relações préconjugais. Em todo caso, os bispos se esforçam por encurtar os noivados, considerando-os um tempo de reflexão e amadurecimento, uma ocasião para aumentar a estima e a "amizade" recíproca dos futuros esposos. Os padres combatem o melhor que podem as frequentações excessivamente livres. Conhece-se a história de curas que subiam no alto de seus campanários munidos de lunetas para vigiar as pastoras.[4]

Esse tempo de namoro pode, entretanto, durar vários anos, ao longo dos quais os prometidos se encontram com frequência. Cedo ou tarde, chegam às carícias íntimas, à masturbação recíproca, prática facilitada pelo fato de as roupas de baixo se reduzirem quase sempre a uma simples camisola. Esses camponeses que vivem próximos aos animais sabem até onde se pode ir e evitam a penetração. Não é raro que nos rincões menos cristianizados uma moça experimente vários namorados. Acontece, claro, de um casal "comemorar a Páscoa antes dos Ramos", e a moça se achar grávida. As núpcias acontecem, então, sem demora.

Sempre houve moças que dão à luz fora do casamento, mas seu destino se agrava durante o Antigo Regime, pois a Igreja e a monarquia se unem para desqualificar os filhos nascidos fora da união, mesmo que o pai seja um personagem poderoso. Quando se tornou pouco nobre gerar bastardos, os sedutores não se privaram de fazê-los, mas cessaram de reconhecê-los. As moças, tidas como únicas responsáveis, condenadas, rejeitadas, se veem em perigo de abandono total. Para evitar o pior, isto é, o infanticídio, o aborto, os poderes públicos intervêm.

Um severo édito, promulgado pelo rei Henrique II, em 1556, e lido regularmente no púlpito até a Revolução, visa proteger as moças grávidas e sobretudo seu "fruto". Ele impõe a toda moça (ou viúva) *declarar* sua gravidez às autoridades locais, na falta do que, se a criança vier a morrer sem batismo, a mãe será passível de pena de morte. O édito oferece uma ajuda à declarante: ela é confiada à vigilância de uma parteira ou, mais frequentemente, de religiosas que a abrigam e a alimentam, sempre lhe impondo uma disciplina de ferro para que ela expie seu pecado. Ao final, a moça dá à luz no hospital. No auge de suas dores, tenta-se fazer com que ela denuncie seu parceiro, a fim de constrangê-lo a participar da criação da criança. No mais das vezes, em vão. Depois, ela pode escolher entre três soluções: partir levando seu pequeno, permanecer no hospital como ama de leite e amamentar, o tanto que puder, vários bebês, ou, então, declarar que abandona seu filho e deixar livremente o hospital. É fato que a gravidez a desonrou, mas ela pode tentar se redimir por sua boa conduta posterior ou, em sua ausência, a prostituição a aguarda.

A educação virginal[5]

Nas camadas médias e superiores da população, as moças estão protegidas contra os riscos da sedução. Releiamos *A escola de mulheres*, de Molière (1662), cuja ação se passa em uma casa da boa burguesia urbana. Agnes é criada por um tutor despótico, Arnolphe, que pretende guardá-la intocada e ignorante para poder desposá-la no momento adequado e com toda segurança. Ora, assim que a mocinha encontra, por acaso, o jovem Horácio, ela experimenta uma viva emoção e um grande prazer em se deixar "beijar as mãos e acariciar o coração". Ela é muito sensível, sensual, e deixa que o vejam sem o menor constrangimento. Aliás, Molière multiplica as alusões licenciosas que reduzem o amor e o casamento aos prazeres carnais. Ele traduz, ao mesmo tempo, a alegria e o temor masculinos diante dessa figura aparentemente desprotegida e, contudo, cativante. A moça se torna não somente uma pessoa, mas também um personagem do qual se apossam escritores e artistas. Quase todos homens. Em torno dessa feminilidade juvenil, intocada, proibida, as fantasias se libertam. Como conter os desejos?

Molière não propõe nenhuma solução. Ele lança uma advertência que em sua época provoca escândalo entre os hipócritas desenfreados. Para muitos homens, toda filha de Eva permanece antes de tudo uma fêmea, escrava do Maligno – é preciso domar o mais cedo possível a besta acocorada em seu ventre. Mas, revela Molière, não se dispõe de uma moça adulta como de uma "donzelinha"; a autoridade brutal e a reclusão não são mais suficientes para guardá-la virgem. É preciso imaginar freios mais sutis e doces – ensiná-la a "rechaçar as pulsões", diria Norbert Elias.

O vocabulário traz a marca desses esforços. Assim, a palavra "rapariga" muda de sentido e a palavra "pudor" aparece. Antes um simples feminino de "rapaz", "rapariga" adquire uma conotação pejorativa; trata-se de uma moça emancipada que procura anular a autoridade paternal e a dominação masculina. A palavra "pudor" designa todo um conjunto de disposições do espírito, corpo e coração, que caracteriza particularmente as moças, mesmo que o sentido possa se aplicar a qualquer ser humano. Diante das coisas do sexo, o pudor inspira um comportamento reservado, prudente e digno. É, ao mesmo tempo, uma virtude moral e um código de boa conduta, que traduz a interiorização das proibições.

"Cabe às moças se guardarem" – esse adágio atravessará os séculos. Seu eco repercute indefinidamente à medida que a imprensa multiplica os documentos escritos. Ele também é encontrado tanto na literatura de edificação quanto na de lazer, nas canções, na imprensa marrom, no imaginário popular.[6] O primeiro meio empregado para intimidar as moças é amedrontá-las, contando-lhes histórias que acabam mal. Ceder às investidas de um homem é assumir o risco de uma gravidez com a qual o sedutor não terá a menor preocupação. O amor é, de fato, uma arapuca, e a promessa de casamento frequentemente não passa de um engodo – "*Alouette je te plumerai*".*

Por uma questão de segurança, os pais que têm meios criam suas filhas em conventos: a clausura protege fisicamente a senhorita, a devoção a edifica moralmente. Novas ordens religiosas, como a da Visitação ou as congregações ursulinas, dedicam-se a essa tarefa. As religiosas assumem as funções dos pais em matéria de educação. A modéstia é uma virtude cardinal para uma moça bem-criada, que deve ser apresentada ao mundo, mas manter-se apagada ou, ao menos, reservada. Ela não fala a não ser que lhe dirijam a palavra. Não lhe é proibido se instruir ou mesmo se tornar culta, desde que não se vanglorie. Ela não deve questionar a preponderância masculina, mas pode se tornar capaz de dar opiniões fundamenta-

---

* N.T.: "Cotovia, eu te depenarei", verso de canção popular francesa ensinada às crianças.

das. Assim se tornará uma verdadeira companheira para seu futuro marido.

A Igreja desenvolveu, sobretudo após o Concílio de Trento, dispositivos que lhe permitem manter sua dominação. O sacramento da penitência, em particular, convida os fiéis a confessar seus pecados após um "exame de consciência" e antes de participar da Eucaristia. Monsenhor Massillon, no início do século XVIII, precisa com admirável discernimento os objetivos e as modalidades do exame de consciência, que é uma investigação íntima, na escuta do corpo e do coração, das sensações e das tentações. A teologia moral elabora uma verdadeira aculturação que distingue os pecados mortais e os veniais, os ocasionais, os reincidentes e os habituais, graças ao quê, a(o) penitente progride no conhecimento de si e se torna capaz de identificar suas pulsões e dominá-las. O procedimento favorece a autonomia do indivíduo, ao menos em seu foro íntimo, e a construção progressiva de sua identidade moral. Como é proposto aos dois sexos sem distinção, afirma também sua igualdade. Em contrapartida, é verdade que aumenta a obsessão pelo pecado.

Distante das prescrições religiosas, a escuta de si certamente favoreceu a depuração dos sentimentos e o refinamento da sensibilidade. A literatura testemunha. Silvia, protagonista da peça *Jeu de l'amour et du hasard*, de Marivaux (1730), procura, assim, "ver claramente seu coração". Para ela, o amor já suplantou o desejo; ela não pensa minimamente em contestar a supremacia masculina, deseja amar "para que a submissão seja doce". Está apaixonada. Pode-se dizer que uma moça que se enamora de um homem perde a virgindade do coração? Pode-se falar de uma virgindade dos sentimentos? Em todo caso, a dimensão psicológica da virgindade feminina se afirma.

A INVENÇÃO DO CELIBATO FEMININO

A demora para casar e o exame de consciência são contados entre os elementos essenciais que moldaram a personalidade da nova virgem. São também características particulares da civilização ocidental. No geral, o conceito de virgindade se enriqueceu e diversificou notavelmente sob o Antigo Regime.

O preciosismo, movimento cultural baseado na distinção pela aparência, ostentação e saber e conhecido por sua oposição à dominação masculina, faz entrever certas consequências inesperadas dessas mudanças. Ele pode ser apresentado tanto como última manifestação da Renascença quanto como prenúncio do feminismo. Ao redescobrir nos séculos XV e XVI a Antiguidade greco-latina, a Europa conheceu uma renovação do pensamento e da produção artística e literária. As mulheres mais cultas participam desse processo; elas sabem fazer com que seus saberes e talentos sejam reconhecidos em situação de igualdade com os homens. Essas novas perspectivas conduzem a um questionamento da relação entre os sexos, movimento contestatório que constitui uma das dimensões originais do preciosismo.

Madeleine de Scudéry era virgem? Nada se sabe a respeito. O que é certo, por outro lado, é que ela descartou qualquer projeto de casamento sem jamais manifestar a intenção de entrar para a religião. Esse celibato voluntário, raro nessa época, demonstra seu desejo de independência. Scudéry é autora de romances de sucesso, um dos quais, *Clélie* (1654-1660), conta em dez volumes as aventuras sentimentais de uma ilustre virgem romana. "Espero que me amem ardentemente", diz uma das heroínas, "e que me amem com respeito [...]. Quero um amado que, se contentando com a posse de meu coração, me ame até a morte". É querer canalizar, para proveito da fêmea humana, uma forma de amor que, segundo a Igreja, deve ser reservada ao Salvador. É também renegar o sacramento do casamento, instituição em relação à qual preciosas e preciosos são muito críticos, pois o casamento renega a igualdade dos sexos (desejada por Deus) e coloca a mulher "sob o poder do marido". Outro autor, o abade Michel de Pure,[7] conta que em certos círculos homens e mulheres reivindicam o casamento por teste, o direito ao divórcio, o espaçamento dos nascimentos – os fundamentos da família são discutidos. Após ter aceitado desposar o duque de Montausier, a "incomparável" Julie d'Angennes (1607-1673) retardou suas núpcias por mais de dez anos...

Um discípulo de Descartes, o filósofo François Poulain de la Barre, aplica a dúvida metódica à diferença dos sexos, não hesitando em denunciar com eloquência os preconceitos mais bem estabelecidos. Ele inventa uma forma de pesquisa sociológica que interroga mulheres de todos os meios. Seus principais tratados[8] revelam uma lucidez e uma capacidade de antecipação realmente excepcionais. Entretanto, além das preciosas, que o celebram, ele encontra poucos leitores. É que a elite aristocrática que adere ao preciosismo é muito minoritária e nas massas a resistência do sexo forte permanece inabalável. O Estado monárquico está fundado na dominação masculina. Deus, o rei, o chefe da família – essa é a hierarquia garantidora da ordem. Sobretudo camponeses e burgueses, dotados de um bom senso obtuso, não falam das filhas de Eva senão em termos realistas, utilitários, por vezes brutais. Assim fazem Gorgibus, em *As preciosas ridículas*, e Chrysale, em *As sabichonas*, ambos heróis de Molière. As preciosas e preciosos são feministas *avant la lettre*; suas manifestações fazem pensar que a educação das moças lhe desperta desejos de emancipação.

Notas

[1] G. Duby, *Le Chevalier, la Femme et le Prêtre. Le mariage dans la France féodale*, Paris, Hachette, 1981.

[2] M. Ségalen, J. Chamarat, "Les rosières se suivent et ne se ressemblent pas...", *Bulletin du Centre d'animation de l'histoire de Nanterre*, 8 de junho de 1979.

[3] J-L Flandrin, *Les Amours paysannes XVIe-XIXe siècles*, Paris, Gallimard/Julliard, "Archives", 1975; S. F. Matthews-Grieco, "Corps et sexualité dans l'Europe d'Ancien Régime", em *Histoire du corps*, t. I, op. cit.

[4] J-L Flandrin. *Les Amours paysannes XVIe-XIXe siècles*, op. cit.

[5] Y. Knibiehler, M. Bernos, E. Ravoux-rallo, E. Richard, *De la pucelle à la minette. Les jeunes filles de l'âge classique à nos jours*, Messidor, 1989, 2e édition; Sarah Matthews-Grieco, op. cit.

[6] S. Broomhall, "Le prix de l'amour: les négociations nées de relations sexuelles et de grossesses illégitimes, à Paris, au début du XVIe siècle" (traduction de Sylvie Deleris), em *Femmes en fleurs, femmes en corps. Sang, santé, sexualités du Moyen Âge aux Lumières* (estudos reunidos e apresentados por Cathy McClive e Nicole Pellegrin), Publications de l'université de Saint-Étienne, 2010; S. Gaudillat-Cautela, " Le corps des femmes dans la qualification du 'viol' au XVIe siècle", em *Femmes en fleurs, femmes en corps. Sang, santé, sexualités du Moyen Âge aux Lumières*, op. cit.

[7] Sua principal obra é *La Prétieuse ou le mystère des ruelles* (1656-1658).

[8] *De l'égalité des deux sexes* (1673); *De l'éducation des dames, De l'excellence des hommes*. Sobre Poulain de la Barre, ver M. Alcover, *Poullain de la Barre. Une aventure philosophique*, Paris, L'Harmattan, 1981; S. Stuurman, *François Poulain de la Barre and the Invention of Modern Equality*, Harvard University Press, 2004.

O APOGEU DA VIRGINDADE FEMININA

DO AMOR DIVINO
AO AMOR ROMÂNTICO

Sob o Antigo Regime, as representações da virgindade feminina se transformam profundamente. Primeiro, conhecem formas de racionalização: desaparecem o mistério, a magia, os temores que afloram nos contos de fadas. Os anatomistas, cirurgiões, médicos discutem entre si para saber se o hímen existe. Os teólogos confirmam que a virgindade é antes de mais nada uma virtude moral. Juristas e juízes tentam reprimir as violações. Entretanto, na prática, na vida cotidiana, nem o pátrio poder nem a dominação masculina são questionados. A maior parte das filhas de Eva perde sua virgindade no contexto prosaico de um casamento arranjado. Enquanto esperam, aprendem a preservar sozinhas sua pureza – o sacramento da penitência e sobretudo o exame de consciência as ajudam a progredir no conhecimento de si, o que contribui para uma autonomia moral que pode alimentar os desejos de emancipação.

Paralelamente, a cultura cristã oferece às adolescentes uma espiritualidade original, de forte tonalidade afetiva, fundada no amor de Cristo. Além disso, a expansão do misticismo, incentivado por poderosos, permite às virgens esperar pelo êxtase da felicidade absoluta, transcender a condição mais humilde, o cotidiano mais sem graça. O amor ilumina toda uma vida. O que vale para o amor divino pode valer para o amor humano? Se acreditarmos em Marivaux, as moças começam a pensar que sim. É verdade que, há muito e há pouco tempo, Berenice, Isolda e Julieta viveram apaixonadamente seus amores humanos, mas suas histórias terminaram tragicamente, ao passo que, ao fim da Idade Moderna, as moças atingem o limiar do romantismo.

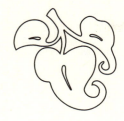

QUARTA PARTE
A DESSACRALIZAÇÃO
CIÊNCIAS MODERNAS, LAICIDADE, FEMINISMO

O iluminismo desconstrói os fundamentos culturais do Antigo Regime. Em primeiro lugar, ao excluir os fins últimos e a espiritualidade, a filosofia das luzes seculariza inúmeros conceitos. Assim, o corpo humano se torna objeto de observações metódicas e a diferença entre os sexos é revista. O novo paradigma naturaliza, dessacraliza a virgindade feminina e a coloca, mais que nunca, sob domínio masculino. As filhas de Eva se acomodam a tais condições: ao permanecerem fiéis à religião, descobrem nela modos privilegiados de ação e expressão. Ao mesmo tempo, sua instrução secular progride, seu espírito crítico aflora; elas desejam tomar o próprio destino nas mãos.

O corpo da ciência

Ao final do século XVIII, as jovens ciências tomam a frente: Anatomia, Fisiologia, Psicologia, Antropologia. Suas investigações trazem novas respostas para antigas questões. A autoridade da ciência se impõe pouco a pouco. As ciências médicas, notadamente, agora pretendem não apenas cuidar dos doentes, mas estabelecer regras de vida, inspirar uma moral higiênica. O médico da família pensa em concorrer com o confessor como confidente e conselheiro das famílias.

A VIRGINDADE NATURALIZADA

Decididos a evidenciar tudo o que distingue a mulher do homem, naturalistas e médicos filósofos exploram sem hesitar corpos femininos de todas as idades.

O hímen

Em meados do século XVIII, obras importantes como *A história natural do homem,* de Buffon e Daubenton, e a *Enciclopédia,* de Diderot e d'Alembert, repetem, a exemplo de muitas outras, que o hímen não passa de superstição. O texto de Buffon, frequentemente citado, ridiculariza as pretensões masculinas:

> Os homens, apegados a intimidades de toda espécie, sempre fizeram caso de tudo o que acreditaram poder possuir exclusiva e primeiramente [...]. Não imagino que eu vá conseguir destruir os preconceitos ridículos que se formaram acerca desse tema: as coisas nas quais se gosta de acreditar sempre receberão crédito [...].

A *Enciclopédia* é um pouco menos peremptória. Nos verbetes "hímen" e "virgindade", o cavaleiro de Jaucourt reúne as observações de inúmeros médicos, antigos e modernos. Ao constatar suas divergências, ele conclui que a anatomia não permite estabelecer nenhuma certeza. Aliás, ele está persuadido de que a virgindade de uma jovem se reconstitui se suas relações com os homens se interromperem por tempo suficiente: ela poderá, portanto, sangrar várias vezes, mas algumas mulheres não sangram jamais. Para ter um sinal inquestionável da virgindade, seria preciso, diz o filósofo, seguir o exemplo dos povos selvagens que praticam a infibulação e convocar os etíopes e outras nações da África, os habitantes da Arábia Pétrea, como então era chamada a antiga província romana da Arábia, e algumas outras nações da Ásia.

No início do século XIX, a reorganização dos hospitais e a criação de uma cadeira de obstetrícia fizeram progredir o exercício e o conhecimento médicos. O grande naturalista Georges Cuvier chega, então, a conclusões que se imporão definitivamente.[1] Para ele, "a existência do hímen foi reconhecida como incontestável entre as meninas cujo estado não foi alterado", estado esse que existe em outras fêmeas de mamíferos, o que desmente a afirmação de que tal membrana teria sido "concedida pela Providência unicamente à espécie humana em razão de aspectos morais". Esse órgão frágil se rompe facilmente em caso de exercícios violentos ou por acidente; logo,

> a presença do hímen não prova nem a pureza nem, absolutamente, a virgindade daquela que o possui (foram observadas mulheres virgens no momento do parto); do mesmo modo, sua ausência tampouco prova o desvio de conduta.

Como conclusão, Cuvier concorda com o finalismo de Galeno; para ele,

> o hímen deve ter outra função que não a de servir como testemunha da pureza virginal. É possível que nas jovens fêmeas dos animais sua função seja proteger as partes delicadas do contato com o ar a fim de preservar sua sensibilidade até que chegue a época em que o desejo desperte nela.

Para a Anatomia, essa é a verdade acerca da virgindade feminina, estabelecida cientificamente durante o governo de Napoleão I. O hímen, frágil e questionável, se presta a todas as interpretações ideológicas. As sociedades que sonham com a liberdade sexual e aceitam, ao menos em princípio, a emancipação sexual das jovens não atribuem à virgindade sentido ou valor e ignoram o hímen. Já as sociedades que temem a liberdade sexual e suas consequências procurarão meios de proteger o hímen e a virgindade feminina. Os ocidentais do século XIX entram na segunda categoria.

A DESSACRALIZAÇÃO

O pudor

Ao mesmo tempo que a Anatomia dessacraliza a virgindade, a Antropologia naturaliza o pudor feminino. *Voyage autour du monde*, de Bougainville, publicado em 1771, produziu entre os ocidentais um verdadeiro choque.[2] Bougainville, que passou cerca de dez dias no Taiti, em 1768, conta que os habitantes da "Nova Citera", em menção a uma ilha no litoral grego, levavam meninas muito novas, quase nuas, para os navegadores franceses e encorajavam cópulas públicas. Hoje se sabe que esse povo acreditava assistir à chegada dos mensageiros dos deuses e que os chefes esperavam captar a força divina fazendo com que suas filhas ficassem grávidas dos recém-chegados; as meninas eram forçadas, algumas choravam. De volta para casa, os franceses davam a esses fatos uma interpretação sensacional, conforme o mito do bom selvagem: esses povos distantes, deixados próximos da natureza, fazem amor em público sem nenhum constrangimento; sobretudo, deixam suas filhas livres para dispor de seu corpo desde a puberdade e ter tantos amantes quanto quiserem.

No ano seguinte, 1769, James Cook também fez uma escala no Taiti e confirmou as palavras dos companheiros de Bougainville. Voltaire, que ficara cético em relação à narrativa de seu compatriota, então se convenceu:

> Quando franceses e ingleses estão de acordo, podemos estar certos de que não nos enganaram [...]. Pode-se assegurar que os habitantes do Taiti conservaram em toda sua pureza a mais antiga das religiões da Terra.

Essa convicção então se espalha pelos salões e meios acadêmicos.

A cegueira dos viajantes revela, ao mesmo tempo, seus desejos íntimos e suas convicções. Nessa época, como vimos, a protelação do casamento frustra e irrita muito os homens jovens. Ao mesmo tempo, eles estão persuadidos de que a "fêmea do homem" foi feita para o amor, mesmo que ela resista. Bougainville bem que observou a hesitação e o constrangimento das meninas polinésias, mas, escreve ele, isso significa

> tanto que a natureza em toda parte embelezou o sexo com uma timidez ingênua quanto que, mesmo em uma região em que ainda reina a liberdade da idade de ouro, as mulheres parecem não querer o que mais desejam.

O "amor livre" taitiano é, aos olhos desses ocidentais, a expressão mais sedutora de uma humanidade no "estado de natureza", antes da invenção de qualquer religião, leis, ciências e artes. O entusiasmo provocado pelo estado de natureza alimentou a hostilidade dos filósofos não só contra o despotismo das famílias, que dispõem de suas filhas, mas também contra os conventos, que as aprisionam. Diderot escreveu um romance arrasador, *A religiosa*, em que mostra as consequências do que denuncia como uma alienação: erotismo mórbido, alucinações, perseguições, morte. Se a autenticidade da vida espiritual é perfeitamente admitida, os votos monásticos, diz ele, "se chocam contra a inclinação geral da natureza", tanto pela supressão das "funções animais" quanto pela segregação social.[3]

Por sua vez, os médicos também desmistificam o pudor feminino. Assim, o doutor Pierre Roussel apresenta uma interpretação puramente psicológica do tema. Seu *Système physique et moral de la femme,* publicado em 1775, verdadeiro *best-seller*, várias vezes reeditado, imitado e plagiado, exerceu uma influência capital. O *sistema* descrito por ele consiste em coordenar o corpo e a alma da mulher a partir de seu sexo para destacar a diferença entre os sexos. No encontro amoroso, explica Roussel, a demora imposta pelo pudor feminino contribui para "dar o grau conveniente de preparo e maturidade aos materiais que

A DESSACRALIZAÇÃO

a natureza deve empregar na produção de um novo ser". Além disso, o decoro faz nascer a estima e cria uma nova atração que favorece o encontro. Portanto, o pudor perde aqui qualquer valor moral: a moça, instrumentalizada pela "natureza", não passa de um joguete de seu sexo, que deseja o coito, mesmo que sua função seja atenuar o ardor masculino. As afirmações do doutor Virey vão no mesmo sentido,[4] com o acréscimo de uma conotação sadomasoquista: a resistência do objeto desejado é necessária para dar ao homem a impressão estimulante da luta, da conquista que confirma a superioridade do sexo forte.

A SAÚDE VIRGINAL[5]

À medida que sua "ciência" progride, os médicos ganham mais segurança e autoridade. A seus olhos, a moça é uma futura esposa, futura mãe. Sua boa saúde e seu vigor ganham importância política, uma vez que, segundo os filósofos, a riqueza das nações depende do número e da qualidade de seus habitantes. Ora, a moça não é um ser "natural"; diferentemente dos animais, após sua puberdade ela deve esperar o coito por muito tempo, e os homens da medicina se preocupam com sua saúde...

Práticas perigosas

Oficialmente, é com uma preocupação voltada para questões de higiene e prevenção que a masturbação é repentinamente reconsiderada e violentamente condenada.[6] Mas não se trataria também, inconsciente ou secretamente, de preservar os direitos do marido? Se a menina se proporciona determinados prazeres, o iniciador corre o risco de perder parte do prestígio.

O doutor Tissot publicou em 1760 *L'onanisme*, obra que causou espécie e foi imediatamente traduzida para diversas línguas. Se Tissot se detém sobretudo nas práticas masculinas, ele assinala, contudo, que a histeria, doença então considerada especificamente feminina, não está desvinculada da masturbação. Um decênio mais tarde, o doutor de Bienville publicou em Amsterdã *La Nynphomanie ou traité de la fureur utérine*. O termo "ninfomania" é então recente, mesmo que Bienville afirme que Soranos escreveu um tratado sobre o mesmo tema que se perdeu. O vocábulo é empregado para designar uma patologia conhecida, mas da qual ninguém ousa falar, tal o escândalo que ela provoca – as mulheres atingidas por esse mal procuram os homens ardentemente, publicamente, sem qualquer pudor. Vergonha suprema tanto para um sexo quanto para o outro; daí o silêncio.

O caráter "cientificamente neutro" do discurso médico levanta, portanto, um tabu. Na verdade, porém, Bienville mantém um duplo equívoco: em seu estudo de caso, ele não apenas não cita nenhuma mulher casada, somente moças solteiras, como também não desculpa minimamente as "doentes", antes denuncia seu vício, sua "perigosa fraqueza". Bienville não emprega a palavra masturbação e jamais descreve as práticas para não as divulgar, mas pretende demonstrar que o prazer solitário predispõe a essa horrível doença. Os "órgãos da volúpia" são numerosos e complexos na mulher: clitóris, vagina, útero insaciável, glândulas que se inflamam, vesículas e liquores... As pacientes afetadas na realidade sofrem de uma secura no útero, tocam-se para obter uma ejaculação lubrificante, a qual, na realidade, aumenta a acridez dos humores. Um ciclo infernal então se instala, conduzindo à fúria, à morte. Bienville trata o tema como hoje falaríamos da droga: o prazer "medonho e detestável" que essas infortunadas se proporcionam cria uma "dependência", e a escalada prossegue. Sua análise tende a mostrar que as mulheres são subjugadas por seus órgãos e que a busca solitária pelo prazer erótico é, entre elas, não efeito da natureza, mas sintoma de uma doença.

Bienville condena com horror os métodos empregados nas casas onde ordinariamente essas infelizes são internadas. No que lhe diz respeito, ele recorre a terapias amenas: sangrias, purgações, banhos e cataplasmas. Jamais menciona as mutilações, e certamente não por falta de conhecimento. Muitos de seus colegas assinalam que o ilustre cirurgião Levret curou uma ninfomaníaca com a remoção do clitóris, terapia que permaneceu em uso até o início do século XX. Com os riscos espantosos da masturbação sendo assim revelados, as mães conscienciosas se sentem obrigadas a cerceá-la, ou melhor, a preveni-la, retardando tanto quanto possível o despertar dos desejos. As admoestações de Tissot e de Bienville serão em parte responsáveis pelo obscurantismo vitoriano.

Em outra perspectiva, bastante distinta, a "impregnação espermática" traz consigo uma ameaça temível. A expressão é sinônima de fecundação, mas ao longo do século XIX se torna portadora de ameaças cujos traços são encontrados na literatura.[7] Difundiu-se a crença de que os órgãos genitais de uma mulher permanecem para sempre impregnados do esperma do homem que a deflorou, de modo que todas as crianças que ela colocar no mundo, geradas por outros parceiros, podem se assemelhar ao primeiro. Essa ideia talvez tenha se originado nas observações feitas por criadores preocupados com o *pedigree* dos animais. Paralelamente, o mundo acadêmico se torna cada vez mais fascinado pela hereditariedade e seus mistérios. Daí uma angústia difusa que reforça o valor da virgindade da noiva e isso até próximo da Primeira Guerra Mundial.

Os princípios salutares

Os médicos que clinicam se esforçam para definir os princípios de práticas de saúde que sejam capazes de garantir tanto a integridade das virgens quanto seu vigor físico e moral. Na verdade, eles querem primeiramente elucidar os mistérios da puberdade feminina. O número de dissertações e teses dedicadas a esse tema explode entre os anos de 1780 e 1830.

A puberdade, dizem os homens da Medicina, é a "operação mais maravilhosa da natureza". Eles a descrevem com terna indulgência. Duas cantilenas compõem o estereótipo: uma diz respeito às "brilhantes metamorfoses do corpo"; a outra, às "revoluções morais". Trata-se de explicar o que parece ser o cúmulo do irracional: o despertar inconsciente do desejo amoroso em uma menina virgem e casta. Nessa época também se pode ler que

> as forças nutritivas se transferem para as partes genitais [...], os pequenos lábios assumem uma cor avermelhada, o clitóris se torna proeminente, a membrana hímen se desenvolve, a vagina se torna às vezes mais apertada, mas adquire, ao mesmo tempo, a faculdade de se distender, sua sensibilidade aumenta; os ovários e as trompas também ganham um volume mais considerável; enfim, o útero se encontra em um estado de turgescência, pletórico, de que ele se desembaraça, em intervalos definidos, por uma hemorragia.[8]

Essas informações acabam gerando inquietude. Um dogma se impõe: "as moças são a porção mais doentia e delicada do gênero humano", mesmo e sobretudo quando são mais bem cuidadas, nos meios em que nada falta. A "fraqueza do sexo" se mostra particularmente ameaçadora durante a puberdade. Entre as doenças mais frequentes e temidas, contam-se as cores pálidas ou "clorose", que às vezes anunciam a histeria; as deformações da espinha dorsal (a palavra "escoliose" aparece em 1840); a "tísica", que nessa época mata duas vezes mais meninas que meninos. Para prevenir esses males ou cuidar deles, os médicos se sentem mal aparelhados.

Na realidade, eles se confrontam com tradições muito arraigadas. Para ter boa saúde, as moças deveriam se divertir ao ar livre, mas nenhuma mãe de meios abastados poderia aceitar que sua filha exibisse as cores de uma camponesa trabalhadora. A mocinha passa seus dias em um quarto a costurar ou bordar sob o olhar maternal. Se sai para um passeio, caminha aos passinhos, protegendo-se do Sol. Não é de se espantar que essas senhoritas sejam afetadas pela languidez e melancolia. Também acontece de elas experimentarem inclinações e males de amor. O grande Laennec denuncia as decepções, o enfraquecimento moral, o desgosto de viver, como outros tantos fatores que podem desencadear a tuberculose, doença romântica por excelência.

Na falta de algo melhor, os "médicos de família" são convidados a prescrever práticas de saúde capazes de preservar o pudor e a virtude. A alimentação deve proibir carnes condimentadas e suculentas, que podem provocar excitações imprevistas. A caça e o peixe em período de desova têm temíveis propriedades afrodisíacas. Devem ser evitados também "esses ragus apimentados, essas tortas recheadas de trufas e condimentos, esses preparados abomináveis em que dominam a pimenta, o gengibre, a noz-moscada, a canela". O café, o chá, posto que despertam, são denunciados como estimulantes dos órgãos genitais e das faculdades intelectuais, que devem ser deixados para aqueles cuja imaginação necessita ser despertada. O vinho só é admitido em quantidades muito pequenas. As moças erram ao abusar de comidas cruas, que estufam o abdome e podem atrapalhar a menstruação, assim como se equivocam ao exagerar nos doces, que provocam desânimo e languidez. A refeição da noite deve ser composta exclusivamente de pão e leite, sendo que este age como sedativo.

Entre as roupas, a "calça" é recém-chegada e pode ser usada pelas meninas sob seus vestidos para que possam se mexer sem "ferir as leis da decência", mas é preciso cuidar para que ela não provoque atrito com as partes genitais nem concentre muito calor. Já o espartilho, antiga peça do vestuário feminino, se torna um "instrumento fatal" que todos os clínicos condenam, pois as lâminas e armações causam danos aos seios nascentes e machucam a cintura, sem impedir eventuais deformações da espinha dorsal. A *Vênus* de Milo se impõe como modelo de beleza.

Assim os médicos inauguram, à sua maneira, o que desde então é chamado de paternalismo: por uma preocupação com a proteção, eles se introduzem na esfera privada. Aliás, durante o período revolucionário, as ciências jurídica e médica começam a se dar as mãos. A Medicina legal progride, o direito privado sente seus efeitos. O destino das moças também.

A REVOLUÇÃO FRANCESA E A LIBERDADE DAS MOÇAS

As novas leis promulgadas durante a Revolução haviam sido, em geral, favoráveis à liberdade das moças, mas os códigos napoleônicos reagiram bem rápido, como veremos.

As reformas liberais

Várias leis limitaram o pátrio poder, tão criticado pela filosofia do Iluminismo. A maioridade legal foi fixada em 21 anos, tanto para as moças quanto para os rapazes, e o direito de primogenitura foi abolido, de modo que a herança familiar passa a ser partilhada entre todos os filhos. Esses dois dispositivos emancipam, em princípio, a "moça maior de idade", que então é considerada capaz de dispor de si mesma. O casamento civil assume definitivamente a forma de um acordo contratual entre os cônjuges, ao qual a casada adere livremente. Nada a obriga a ser virgem. Com o casamento religioso tornando-se facultativo, a noiva deixa de participar da união conjugal como se esta fosse uma vocação religiosa. Enfim, a Revolução concede às filhas de Eva a personalidade civil de um indivíduo autônomo. Indiretamente, a "moça maior de idade" acaba entregue à própria sorte: o édito de Henrique II, que, ao mesmo tempo, era um fardo e uma proteção, é abolido. Outra reforma importante: a Revolução proíbe os votos religiosos perpétuos, o que equivale a condenar o celibato dos padres, abrir os conventos e renegar a superioridade da virgindade como valor social, moral e espiritual.

A crise revolucionária, que durou mais de dez anos, é oportunidade para um "relaxamento dos costumes". Muitas moças, então, aproveitam para escapar ao rigor disciplinar dos pais, mas homens inescrupulosos também tiram proveito à sua maneira – como a lei e os costumes proíbem infligir pena de morte às moças virgens, determinado carcereiro se acha no dever de violar as meninas que estão presas com a mãe... Os abusos cometidos durante o período do Terror talvez expliquem em parte a severidade dos códigos napoleônicos. O modelo da Roma antiga inspira os novos dirigentes. As alegorias inventadas para representar a Liberdade, a Nação, a Razão e a República ressuscitam as mulheres fortes e as virgens guerreiras. A Razão tem os traços de Minerva, irmã latina de Atena; a Liberdade e a Marselhesa são amazonas deslumbrantes, ambas datando do começo dos anos 1830 – *A liberdade guiando o povo* é um quadro de Delacroix, ao passo que a *Marselhesa* é um baixo-relevo de Rude que ornamenta o Arco do Triunfo da Praça de l'Étoile, em Paris. Tanto um quanto outro lembram que a Revolução de Julho de 1830 pretendia ressuscitar o ideal de 1789. A Nação e a República são antes mães que amamentam e oferecem seus seios. Essas imagens pretendem apagar as da Virgem Maria; a virgindade e a maternidade são então mobilizadas a serviço do novo regime como figuras específicas do feminino.

A reação

"O romance da Revolução acabou", anuncia Napoleão Bonaparte aos redatores do Código Civil. Acerca da diferença entre os sexos, o imperador, que é um mediterrâneo, permanece apegado à cultura patriarcal tradicional, sobretudo em matéria de educação. Embora os projetos relativos à educação pública das moças tenham se transformado rapidamente durante a Revolução, o imperador escolheu Madame Campam, educadora já célebre durante o reinado de Luís XVI, para organizar a Casa da Legião de Honra, que acolhe as filhas de seus oficiais e serve de modelo. Ele recomenda que as donzelas sejam afastadas das atividades acadêmicas, se tornem dóceis e laboriosas e, sobretudo, que lhes seja inculcado, simultaneamente à religião, princípios morais capazes de reprimir suas más inclinações. Privada de meios para se instruir e ganhar sua vida, uma moça permanece dependente de seus pais ou tutores. Aliás, como o casamento é permitido a partir dos 15 anos, as famílias conservam a possibilidade de pressionar uma menina muito nova para que ela aceite uma união considerada vantajosa.

Pior: o Código Civil (1804) e o Código Penal (1810) não protegem mais minimamente a virgindade. A busca pela paternidade passa a ser proibida para "assegurar a tranquilidade das famílias", isto é, para evitar os conflitos de sucessão. Essa proibição assegura sobretudo a impunidade dos filhos das famílias ricas que "fazem diabruras" com uma empregada e dos chefes de oficina que cobiçam as jovens trabalhadoras. Os códigos reforçam a ideia de que a moça seduzida é a única culpada. A partir do momento em que atinge os 15 anos, uma menina responde sozinha por sua honra; ela não pode se queixar de ter sido seduzida, nem mesmo por um notório canalha – nessa idade é ela quem seduz, seu papel de Eva começou. A corrupção de menores não é mais reprimida; a alcoviteira ou o proxeneta que entregam à devassidão uma pessoa de menos de 21 anos só são passíveis de punição se o fizerem "habitualmente" e, na primeira vez, não estão sujeitos a nenhuma pena.

Teoricamente, o estupro é punido mais rigorosamente, com trabalhos forçados, mas, como no Antigo Regime, o juiz pede provas e consulta o médico legista. A intervenção dos médicos acaba por nuançar os julgamentos. Na França, o doutor Fodéré é considerado o fundador da Medicina legal; seus tratados têm autoridade, foi ele quem redigiu o verbete "estupro" no *Dictionnaire des sciences médicales*. Assim como os juízes, e pelas mesmas razões, ele repete que é difícil obter provas do estupro (ver capítulo "A carne e o espírito"). Entretanto, admite que a vítima pode ter cedido sob ameaça de uma arma ou sob efeito de um narcótico, mas como ter certeza? Eis uma anedota que diz muito: uma empregada de 24 anos, cercada em um quarto por cinco rapazes, salta pela janela para escapar deles; quebra um braço, três dentes, fica muito abalada. Encorajada pelos vizinhos, dá queixa. O tribunal solta os acusados; não houve estupro. Indo no mesmo sentido, a promessa de casamento é julgada nula, mesmo quando escrita, datada e assinada – ao passo que uma promessa de venda equivale a uma venda: a "desonra" eventual pesa sobre a pessoa abusada, não sobre o autor do abuso. Se a moça "seduzida e abandonada" coloca no mundo um "bastardo", ela cai na categoria das "mães solteiras", e esse oximoro, que data do Iluminismo, a estigmatiza pelo restante de seus dias. Ela e seu filho, objetos de opróbrio e desprezo, só poderão contar com a caridade pública.

Esses códigos protegem ciosamente, portanto, a vida privada. Exceto em caso de escândalo público, as violências familiares não chegam ao conhecimento dos juízes. O incesto nem sequer é citado. O cidadão chefe de família permanece senhor de sua casa.

A RAZÃO DAS MOÇAS

Stendhal criou duas personagens na figura de moças independentes, que escolhem elas mesmas seu "primeiro homem" e organizam sozinhas sua "primeira vez". Em *O vermelho e o negro*, escrito em 1830, Mathilde, filha do marquês de La Mole, se apaixona por Julien Sorel, secretário do pai dela. Ele é filho de um lenhador, mas Mathilde admira sua altivez, sua energia, sua ambição. Ela o convoca uma noite para seu quarto e se torna sua amante. Já Lamiel[9] é muito mais subversiva. Criança achada, adotada, que depois se torna leitora de uma duquesa, ela ouve muito falar de amor nos salões, mas resiste a todas as investidas masculinas, até o dia em que decide saber mais e paga um jardineiro para que lhe revele o ato da carne. O homem a deflora sem emoção; uma vez a coisa feita, ela seca um pouco do sangue, depois explode de rir: "Mas como? Então o amor é só isso?". Essa moça ridiculariza uma ordem milenar ao inverter a hierarquia dos sexos. Ela toma a iniciativa de sua própria defloração, reduz o homem ao papel de prostituto e o amor ao coito; isso em plena era romântica. Nessas estranhas premonições, Stendhal não descarta os riscos: Mathilde fica grávida e Lamiel se torna cortesã. Tais ameaças ainda intimidarão por muito tempo as moças mais intrépidas.

A DESSACRALIZAÇÃO

Notas

[1] Ver "Hymen", *Dictionnaire des sciences médicales*, Panckoucke, 1812-1822, v. 67 .

[2] S. Tcherkezoff, "La Polynésie des vahinés et la nature des femmes: une utopie occidentale", CLIO, *Utopies sexuelles*, 2005, n. 22.

[3] Diderot não ousou publicar esse livro. A primeira edição saiu apenas em 1796, após sua morte e após a abolição dos votos perpétuos.

[4] Ver "Fille", "Pudeur", "Pudicité", em *Dictionnaire des sciences médicales*, op. cit.

[5] Y. Knibiehler, C. Fouquet, *La Femme et les Médecins,* Paris, Hachette, 1983; O. Faure, "Regards de médecins", *Histoire du corps*, op. cit., tomo II.

[6] T. Laqueur, *Le Sexe en solitaire*, Paris, Gallimard, 2005.

[7] A. Corbin, "La rencontre des corps", *Histoire du corps*, op. cit., t. II. Os autores citados são Germaine de Staël, Goethe, Mérimée, Barbey d'Aurevilly, Léon Bloy e, sobretudo, Zola. Ver também A. Carol, "La télégonie, ou les nuances de l'hérédité féminine", *Rives méditerranéennes. Hérédités, héritage*, 2006, n. 26.

[8] S. N. P. Langlois de Longueville, *Éducation physique et morale de la jeune fille*, tese de medicina, Paris, 1819.

[9] Esse romance, iniciado em 1839 e inacabado, foi objeto de um colóquio na Universidade de Provence em 22 e 23 de maio de 2008. Ver *Revue d'histoire littéraire de la France*, 2009, n. 1.

Imaculadas
A dupla moral

Em seus primórdios, o racionalismo moderno manteve praticamente inalterado o brilho da virgindade feminina. Primeiro, porque as mulheres continuaram apegadas a essa idealização de seu sexo, tida por libertadora e valorizante. Depois, porque os homens, aí incluídos os mais voltairianos, desejavam que as moças continuassem devotas – era uma garantia de fidelidade e submissão das esposas. Entretanto, entre as mulheres crentes e os homens mais ou menos descristianizados, a distância cultural se ampliou, perigosamente e não sem prejuízos – a educação das moças sofreu sérios reveses; o encontro e a relação entre os cônjuges tornaram-se difíceis. Outra segregação se intensificou em decorrência do surgimento do proletariado, nascido na Revolução Industrial: mais que nunca, os homens das classes dirigentes, deslastrados de todo escrúpulo religioso, consideram as moças do povo objetos de consumo.

A GLORIFICAÇÃO DA VIRGINDADE

No século XIX, a virgindade feminina é celebrada com quase tanto lirismo quanto a maternidade. Ela inspira não apenas novas formas de profissão religiosa, mas também novas devoções, muito populares, que certamente exprimem aspirações autênticas.

As "boas irmãs"

Logo em seguida à Concordata de 1802, que permitiu a restauração da Igreja Católica na França após a Revolução Francesa, a renovação religiosa foi marcada no meio feminino por um grande número de vocações. Claude Langlois[1] estimou em 200 mil o número de mulheres que entram para as congregações entre 1800 e 1880. Em 1830, contam-se na França cerca de 25 mil religiosas; em 1880, são 128 mil. Agora as moças se engajam livremente, não mais por falta de dote ou por pressão de suas famílias. De fato, o desenvolvimento econômico propiciado pela Revolução Industrial facilita a constituição dos casais jovens, e a idade média do casamento se reduz para algo em torno dos 22 anos para as moças. Ao mesmo tempo, as práticas malthusianas pouco a pouco substituem o convento como regulador demográfico.

Uma importante mudança se produz na forma de exercer as vocações, que passa a dispensar a reclusão. As centenas de novas congregações que nascem tanto no interior quanto em Paris são *seculares* e *apostólicas*; é o caso das Filhas da Caridade, de Vicente de Paula, a primeira congregação feminina autorizada a viver secularmente (ver capítulo "A carne e o espírito"). Elas permitem que as irmãs vivam em sociedade a serviço dos mais desprovidos. Ao menos 35% das fundadoras são oriundas dos meios populares. Algumas adquirem no plano local uma autoridade real. As ordens terceiras, por sua vez, conhecem um desenvolvimento espetacular, sobretudo nas regiões rurais.

Tudo leva a crer que a virgindade consagrada muda de orientação. Ela proporciona às moças a liberdade de agir no mundo e fazer com que seus dons sejam reconhecidos. É certamente uma emancipação e, até mesmo, com frequência, uma promoção social. As moças devotas se apossam de sua virgindade, como outrora as místicas o fizeram, mas dando-lhe um uso absolutamente diferente. Irmã Rosalie (Rosalie Rendu, 1786-1856) é um exemplo ilustre. Ela é uma das principais protagonistas do grande elã de caridade que se desenvolve durante a primeira metade do século XIX. Camponesa da região do Jura, ela entrou com 16 anos para as Filhas da Caridade e foi enviada para a rua Mouffetard, num bairro miserável do centro de Paris, onde criou um ambulatório, um orfanato, uma creche, uma escola, uma casa de apoio para as jovens operárias e um asilo para idosos. Ela subiu nas barricadas nas revoluções de 1830 e 1848 para cuidar dos feridos, qualquer que fosse seu partido político. Napoleão III a condecorou com a Legião de Honra. Ela era, então, diz-se, muito admirada, poderosa o suficiente para influenciar na composição do ministério. Seu funeral foi acompanhado por uma multidão imensa, de todos os meios e opiniões. Rosalie foi beatificada em 2003.

A sociedade do século XIX soube tirar bom proveito das virgens devotas e de sua devoção. As "boas irmãs" logo se tornam indispensáveis. Nesse tempo de ampliação da "pauperização", elas assumem em grande parte a responsabilidade pelas muitas ações benevolentes e obras de caridade ao acolher órfãos e crianças abandonadas, assistir os indigentes e os idosos, trabalhar para a recuperação moral das "moças perdidas" etc. Elas também acompanham a reorganização dos

A DESSACRALIZAÇÃO

hospitais; enfim, contribuem ativamente para a escolarização das moças. Como a Lei Falloux, de 1850, tornou obrigatória a abertura de uma escola para moças em toda cidade com mais de 800 habitantes, as municipalidades, pegas desprevenidas, recorreram às congregações católicas, que em 1880 respondiam por quase metade dos estabelecimentos de ensino para moças na França. Esse tipo de educação conservou os princípios morais tradicionais e também confirmou, após as ursulinas e as visitadinas, a dimensão essencial do apostolado feminino. As leis republicanas dos anos 1880 desencadearão uma laicização que reduzirá sua influência.

Das filhas de Eva às filhas de Maria

Por outro lado, a evolução do culto a Maria só podia reforçar o prestígio da virgindade feminina, ao menos após o século XII, que marcou o desenvolvimento do culto mariano no Ocidente. Muitos devotos creem naturalmente que a Virgem Maria foi poupada do pecado original; todavia, o magistério eclesiástico permanece dividido – alguns (os dominicanos, Tomás de Aquino) querem manter uma distância entre a mãe humana e o filho divino; outros (os franciscanos, Jean Gerson, os jesuítas) defendem o culto mariano, aliás, bastante popular e celebrado em 8 de dezembro, apesar de o nascimento da Virgem Maria ser comemorado em 8 de setembro. Após longos debates doutrinários, a Igreja finalmente promoveu tal crença ao patamar de artigo de fé: em 8 de dezembro de 1854, o papa Pio IX proclamou o dogma da Imaculada Concepção. É afirmar que a fé supera e desafia da ciência racional. A Santa Virgem é representada sozinha, sem Jesus, com uma frequência cada vez maior. A santidade de Maria está fundada tanto em sua maternidade quanto em sua virgindade, e esta é muito mais que uma realidade anatômica. Suas aparições – a Catherine Labouré, moça pertencente à Caridade de Paris, em 1830; aos dois pastores de La Salette, em 1846; à pastora Bernadette Soubirons, em Lourdes, 1858 – aumentam sua glória, sustentam ou reavivam a veneração de que ela é objeto. Destaquemos, todavia, que comparadas às místicas do século XVII, essas virgens visionárias perdem em esplendor. Catherine permanece quase desconhecida em vida; as aparições de La Salette são contestadas; e Bernadette logo se retira da cena pública, conhecendo apenas uma aura pessoal modesta.

Para preservar sua pureza, as moças são convidadas a participar das Filhas de Maria Imaculada.[2] É preciso insistir na novidade dessa instituição, criada em 1830, logo após as aparições da Virgem a Catherine Labouré. As meninas são frequentemente educadas em grupo, mas convém fazer a distinção entre a socialização bastante aberta das "sociedades de juventude", por exemplo, e a organização bem regrada das Filhas de Maria, primeiro modelo de "movimento juvenil". As moças trazem no pescoço a medalha da Imaculada – a Virgem Maria teria pedido a Catherine Labouré que difundisse essa efígie e o clero tomou as providências. A medalha é presa ao pescoço por uma faixa azul, no caso das participantes; verde, para as postulantes; e violeta, quando as jovens são casadas – diferenciação que permite marcar os ritos de passagem. Um uniforme branco as torna bem visíveis nas procissões, desfiles e cerimônias. O emprego do tempo alterna momentos de prece, canto, instrução religiosa e também instrução secular, pois a associação pretende estar na vanguarda do progresso: conhecimento profissional, técnicas novas, regularidade, higiene. Muitos chefes dão preferência às filhas de Maria ao contratar. O apostolado, bastante atraente, visa difundir no mundo inteiro um modelo feminino ideal. A Igreja Católica, abalada pela crise revolucionária, se apoia na devoção feminina para tentar restabelecer seu antigo domínio. As filhas de Maria conhecem um sucesso imediato, ao menos entre as camadas médias e modestas da população, mais apegadas à virtude das moças e mulheres.[3]

Se a devoção à Imaculada Concepção é com certeza majoritariamente feminina, não faltam adesões masculinas, e elas são calorosas. Para os homens devotos, a Santa Virgem representa a excelência do feminino – ela aniquila os tormentos da concupiscência, glorifica a sujeição da carne e a exaltação do espírito; encoraja a castidade, não desprezando as mulheres, mas, ao contrário, no amor da que é mais bela. O celibato dos padres é valorizado, pois distingue uma elite e confirma sua responsabilidade.

A "INOCÊNCIA" DAS DONZELAS

A maior parte das moças é destinada ao casamento. As mais velhas, "as virgens ranças", são impiedosamente ridicularizadas, mesmo que as famílias achem cômodo recorrer a seus serviços para cuidar dos pais idosos e das crianças pequenas.

Do pudor à inocência

Para as moçoilas que vão casar, a inocência substitui o pudor como objetivo central da educação. É uma mudança considerável. O pudor depende do controle de si, é uma conduta responsável, ao passo que a inocência é uma forma de ignorância; na verdade, de inconsciência. As famílias acreditam que será mais fácil para uma moça permanecer virgem se ela não souber como se deixa de sê-lo. A inocência dissocia a virgindade da religião, da moral e da espiritualidade; ela retém as moças em sua infância. Sua ingenuidade reforça a supremacia masculina e alegra os homens experimentados. Há aqui algo como uma reversão na sensibilidade masculina. Se até há pouco as filhas de Eva eram definidas como fêmeas libidinosas, que desde a puberdade estavam preocupadas em levar os homens à tentação, agora se descobre que elas são inofensivas.

Ao mesmo tempo, a inocência efêmera das moças bem criadas, sua graça frágil, sua vulnerabilidade enternecem o sexo forte. Os pais são os primeiros a ceder ao charme da inocência. Antes muito pouco interessados em suas filhas, agora se deixam seduzir pela "fraqueza" da filha menina, por sua docilidade, seu afeto expansivo e desarmante. Ela é vista como uma imagem toda graciosa que brilha no lar, uma visão encantada, símbolo vivo da força na fraqueza. As moças são o charme da casa, enaltecem toda uma família.[4] Elas são, aliás, levadas a deificar seu pai, soberano senhor do lar, modelo masculino por excelência. As educadoras mais conceituadas, madame Necker de Saussure ou madame Gasparin, consideram que, para uma moça, a melhor preparação para o casamento consiste em buscar a estima de seu pai. Esses novos sentimentos praticamente não abalam o pátrio poder. Os pais mais progressistas no plano político não renunciam a dirigir os amores juvenis – Victor Hugo e Karl Marx, pais venerados, pais déspotas, perseguiram suas filhas com as melhores intenções.

Muito além da casa da família, a pureza virginal ilumina a modernidade. Os artistas, sobretudo os pintores, exprimem essa sensibilidade. O estilo de Greuze, libertino ou moralizante, sai de moda. Em *O amor e psique*, Gérard mostra uma moça no limiar do amor, nua e, no entanto, muito pudica. *A fonte*, de Ingres, também mostra uma moça nua, perfeitamente bela e perfeitamente casta, que verte uma pureza e um frescor inesgotáveis. Já Courbet, que tinha três irmãs e não se fartava de representá-las, sobretudo Juliette, sua preferida, faz com sua

Moça arrumando as flores, em meio a uma profusão de cores e luzes, uma das mais brilhantes imagens da inocência.

O romance-folhetim multiplica igualmente as heroínas cândidas que superam todos os infortúnios graças à sua pureza inabalável. Sua pele é branca como a pérola, como o nácar, como a neve ou como o lírio. O branco agora é a cor virginal por excelência. As maneiras de vestir cantam em uníssono; branco é o vestido da primeira comunhão, e, sobretudo, é branco o vestido da noiva, embora ainda seja florido ou colorido no interior. O tecido juvenil preferido é a musselina das Índias, leve e transparente como a bruma da manhã, que vela uma virtude que está pronta para ser domesticada. Cores suaves, natureza idealizada em sua primavera... a moça encarna, sem o saber, um frescor cândido de que os cavaleiros de indústria, vestidos totalmente de preto, parecem ter saudade.

Da pomba branca à gansa branca

Esse charme inefável produz efeitos ambivalentes. As moçoilas são queridas, bem tratadas, protegidas como jamais foram, mas também são, mais que nunca, infantilizadas.[5] Se no começo do século XIX a moça era frequentemente comparada à pomba branca, mensageira do divino, no final do século ela se torna uma "gansa branca" – expressão francesa que designa jovens muito inocentes – cuja ingenuidade a confina à parvoíce. Esse imbróglio é atribuído à educação dada pelas mães e boas irmãs. Nessa época, a limitação dos nascimentos permite à mãe construir uma relação personalizada com cada um de seus filhos. Então mamãe se apossa de sua filha para fazer dela um anjo do lar, uma fada da casa; ela estimula sua devoção, protege sua inocência,[6] acompanha seus primeiros aprendizados. No que concerne às realidades carnais do casamento e do parto, porém, a querida mamãe se fecha no silêncio. Médicos e sacerdotes condenam esse hábito – a menina corre o risco de ficar apavorada com a chegada de sua menstruação; a recém-casada, chocada com os imprevistos da noite de núpcias. Os padres lembram que o pudor fundado na ignorância não tem nenhum valor moral; eles sugerem que na ave-maria seja comentado o trecho que fala do "fruto de vosso ventre".

Na verdade, essas mamães seguem o exemplo de suas próprias mães, que também não falavam dessas coisas, mas o silêncio era então menos sufocante. De fato, enquanto as famílias mantiveram contato com o campo, as crianças observavam os animais, os mais velhos informavam os mais novos e os jogos sexuais não eram reprimidos. Essa iniciação empírica desapareceu aos poucos e nada a substituiu. Além disso, o progresso do malthusianismo priva a menina da informação concreta que teria recebido ao ajudar a cuidar dos irmãozinhos e irmãzinhas. Desse modo, a donzela é reduzida à educação maternal e sua terna mamãe se vê com novas responsabilidades, para as quais jamais foi preparada: faltam-lhe modelos. A educação que qualificamos de sexual está por ser inventada.

Entretanto, a recriminação feita às mães é injusta, uma vez que a sociedade secular inteira se faz cúmplice do silêncio. A maravilhosa inocência é beatificada. A "verdadeira moça" deve ser não apenas virgem de corpo, mas também de mente e coração – nada deve saber, suspeitar ou desejar. Ela não tem nem mesmo o direito de olhar para o próprio corpo, que deve permanecer o domínio fechado dos saberes e fantasias masculinos – ela não tira sua camisola para tomar banho e fecha os olhos para trocá-la. Se pratica equitação, deve montar como amazona. Toda a iniciação relativa à união carnal é oficialmente reservada a seu marido, que deve poder dispor da virgem que lhe é entregue e moldá-la a seu bel-prazer, segundo suas conveniências pessoais. Ele deve ser "o primeiro" não apenas pelo prazer fantasiado de deflorar uma virgem, mas também para continuar a ser o único senhor da relação – "eu a tive virgem, ela me será fiel". Talvez ele não queira uma esposa muito sensual por temer não poder satisfazê-la. Talvez deseje limitar os nascimentos, logo, conduzir com prudência as relações conjugais. Será que é a "paz do lar" ou o interesse masculino que está em jogo?

Esses costumes protegem a "gansa branca". A expressão vem da pena do romancista Marcel Prévost, autor de *As semi-virgens*. Em 1894, ele ataca as moças ingênuas, confeitadas de devoção, arrepiadas de vergonha diante do sexo. Os homens de Estado da Terceira República, conscientes do imbróglio, tentam imaginar uma educação laica para as moças, mas esbarram em suas próprias reticências: a instrução abre as portas de uma lucidez e liberdade que eles não querem lhes conceder. Assim, quando propõe inserir a puericultura nos programas escolares femininos, o doutor Adolphe Pinard ouve como resposta que essa formação pode abrir demasiadamente "os olhos e ouvidos de nossas modernas Agnes".

O casamento: uma "violação legal"

A noite de núpcias surge como tema literário por volta de 1830 para desaparecer apenas um século mais tarde. É um lamento mais ou menos trágico. A prova, sempre difícil para o marido, parece ter-se tornado catastrófica para a mulher.[7] Deve-se concluir que os maridos se tornaram mais brutais que antes? Os noivados ficaram demasiadamente longos? As festas de casamento passaram a ser excessivamente regadas a álcool? Na verdade, é sobretudo a noiva que muda: a gansa branca sofre a defloração como uma violência imprevista e abominável. Mesmo que o marido tente ser cuidadoso, no momento supremo ele assume as feições de um animal libidinoso, brutal, imundo. Lembremos que o romantismo mudou a imagem do casal.

Com o que, então, sonham essas moças? Agora elas confundem o amor-sentimento com a união conjugal. A espera palpitante pela noite de núpcias é seguida, frequentemente, por uma decepção atroz. No dia seguinte ao seu casamento, George Sand (pseudônimo de Amantine Aurore Lucile Dupin, romancista) cai em um marasmo doentio. Minne, a "ingênua libertina", de Collete (da escritora Sidonie-Gabrielle Colette, 1873-1954), tem vontade de morrer. Quanto à madame Martin, futura mãe de Thérèse de Lisieux, também conhecida como Santa Thérèse de Lisieux (1873-1897), que quer muitos filhos, ao ouvir de seu esposo, na noite de núpcias, o que terá que sofrer, fica apavorada. Seu piedoso marido a compreende e a respeita. E espera muitos meses antes de consumar o casamento, período em que a jovem esposa vai diversas vezes ao convento soluçar nos braços de sua irmã religiosa.

Em 1918, Freud publicou o artigo "O tabu da virgindade", que reflete tais misérias. Ele comenta os costumes de certos povos "primitivos", que fazem com que a moça que está prestes a casar seja deflorada pouco antes do casamento por um notável da tribo. Seria para poupar o marido de uma prova temível? Segundo Freud, de fato, a relação entre o homem e a mulher comporta um perigo: a frigidez feminina. Como sua sexualidade está "sujeita" à do homem, a mulher se submete à primeira relação sexual, mas é raro que atinja o orgasmo nesse momento; ela então permanece "fria e insatisfeita", e esse fracasso pode acarretar uma frigidez definitiva. A noiva, humilhada, experimenta por seu marido ódio ou ressentimento. Movida por um "protesto viril", ela exprime sua recusa da feminilidade, sua rivalidade para com o homem, seu desejo de castrá-lo. De fato, não é a virgindade feminina que é tabu, é a mulher que é um

A DESSACRALIZAÇÃO

perigo para o homem.[8] A lua de mel, inventada no final do século XIX, tem, entre outras finalidades, dissimular os primeiros momentos de intimidade do jovem casal.

AS MOÇAS DO POVO

O modelo da moçoila seduz os meios mais modestos? Talvez, mas aí ele não pode ser implantado tal e qual. As moças do povo raramente são ingênuas acerca do sexo. E sobretudo as condições de vida da população foram alteradas pelas transformações socioeconômicas: industrialização, êxodo rural, ampliação das periferias, proletarização. As moças agora têm mais mobilidade, estão menos protegidas que nos antigos vilarejos ou paróquias onde todos se conheciam.

A cultura rural é rica em tradições festivas que marcam a passagem da adolescência para a vida adulta. Assim, a eleição de uma "*rosière*" se mantém aqui e ali até meados do século XX (ver capítulo "O surgimento da moça"). Após uma interrupção bastante longa durante a Revolução, os coroamentos são retomados e, sob influência dos padres, frequentemente marcados para o dia de Pentecostes, para misturar o sagrado e o profano. Adota-se o costume de eleger uma moça de um meio modesto, pobre, mas "meritória", e lhe dar uma soma em dinheiro.[9] As feministas ridicularizarão as *rosière*s, mas é sobretudo a eleição das rainhas da beleza (as *misses*) que precipitará o desaparecimento dessa tradição.

Em vários vilarejos, como em Minot, na Borgonha, as adolescentes celebram seus 15 anos como que para marcar uma nova etapa da vida. Elas procuram a costureira para aprender a "fazer a moça" e "fazer a noiva", aprendizados tão sugestivos quanto simbólicos.[10] O reverso sombrio dessas celebrações é o aumento dos infanticídios.[11] Os processos lançam uma luz crua sobre as "criminosas" que se livram do recém-nascido indesejado. Nem todas são virgens violentadas ou seduzidas, claro, mas quase todas dão prova de uma insensibilidade ao menos aparente. Muitas sufocam a criança com as próprias mãos para impedi-la de gritar; uma lança o corpinho aos porcos; outra o põe para ferver numa tina de roupas; aquela o queima no fogo de uma lareira. As camponesas sabem matar os animais... O que também choca no tribunal é a diferença entre o comportamento dos magistrados e o dos jurados. Os primeiros, inclementes, não admitem que uma moça engravide fora do casamento e ficam horrorizados com a "mãe desnaturada". Os jurados, ao contrário, procuram todos os pretextos para absolver a acusada, em quem veem uma vítima. Eles conhecem a frequência das violações, da sedução e até mesmo do incesto, muitas vezes perpetrados sob o efeito do álcool. No fundo, querem desculpar a indiferença masculina. Para eles, o recém-nascido também não tem valor humano.

Nos meios mais humildes, tanto na cidade quanto no campo, um bom número de moças, entre 12 e 25 anos, procura ganhar um pouco de dinheiro para ajudar os pais ou para constituir um dote para si. Mais frequentemente, elas se empregam como domésticas e acabam por se ver sob a autoridade de um senhor em uma situação de tripla inferioridade – da idade, do sexo e, sobretudo, da condição servil de empregadas que devem fazer de tudo.[12] Os chefes de família mais honrados cedem facilmente à comodidade dos amores ancilares – Michelet, Marx e Zola são exemplos ilustres. Talvez eles tenham "ressarcido" as moças em seguida, assegurando-lhes o sustento, mas em que medida tal prejuízo é reparável, dado o prestígio atribuído à virgindade juvenil? Aliás, nem todos os senhores são generosos. Em

Pot-Bouille, Zola descreve o parto solitário de Adèle, a empregada dos Josserand, sozinha em seu quarto numa noite de inverno; ela nem sequer sabe se o pequeno tem por pai o senhor ou seu filho, já que ambos abusam dela.

Outras moças se empregam nas fábricas, manufaturas, oficinas, cujo número aumentou em virtude do progresso da indústria. Elas ficam à mercê do patrão ou, pior, dos chefetes que dispõem de toda espécie de meios de chantagem – eles podem dar à operária um trabalho menos penoso, mais bem remunerado ou colocá-la na rua. Com ameaças, eles obtêm o que querem. As moças, individualmente, não têm a quem recorrer. Acontece, entretanto, de tais abusos estarem na origem de greves e distúrbios, aos quais a literatura faz eco. Por exemplo, Zola, em *Germinal,* ou Georges-Emanuel Clancier, em *Le pain noir.*[13] Aquela que após uma relação forçada se torna "mãe solteira" continua a cair na reprovação e no desprezo.

Durante muito tempo, nenhuma solidariedade virá em socorro dessas vítimas.[14] As mulheres nada podem fazer, a não ser compartilhar sua humilhação e seu pesar. Os homens esperam que o sindicalismo lhes dê armas contra os patrões, mas ainda assim não colocam o respeito pela virgindade das moças no topo de suas reivindicações; preferem obter salários suficientes para deixar suas mulheres e filhas em casa, ao abrigo de todos os assédios. Além disso, não desejam dar às moças meios de defesa, mas antes defendê-las eles mesmos, guardá-las sob proteção para manter sobre elas sua própria dominação. Algumas personalidades fortes fogem à regra: Pauline Rolan, figura de proa do socialismo utópico, dispõe livremente de seu corpo, vive maritalmente com o homem de sua escolha, cuida de seus filhos. Apesar de sua coragem, será abatida aos 46 anos pelas provações que sofreu.

Notas

[1] C. Langlois, *Le Catholicisme au féminin*, prefácio de R. Remond, Paris, Le Cerf, 1984; O. Arnold, *Le Corps et l'Âme. La vie des religieuses au XIXᵉ siècle*, Paris, Seuil, 1984.

[2] H. Roman-Galeazzi, "Les enfants de Marie-Immaculée. Formation d'une élite populaire de la piété", *Rives méditerranéennes*, 2005, n. 2.

[3] As moças protestantes, as "*misses*" anglo-saxãs, são enquadradas menos estritamente; ver G. Cadier-Rey (org.), *Femmes protestantes au XIXᵉ-XXᵉ siècle*, Bulletin de la Société de l'histoire du protestantisme français, 2000, t. 146.

[4] Y. Knibiehler, M. Bernos, E. Ravoux-Rallo, E. Richard, *De la pucelle à la minette. Les jeunes filles de l'âge classique à nos jours,* Messidor/Temps actuel, 1983.

[5] P. Constant, *Un monde à l'usage des demoiselles*, Paris, Gallimard, 1987; G. Houbre, *La Discipline de l'amour*, Paris, Plon, 1997, e *Histoire des mères et des filles*, Paris, La Martinière, 2006.

[6] M.-F. Lévy, *De mères en filles,* Calmann-Lévy, 1984.

[7] L. Adler, *Secrets d'alcôve*, Paris, Hachette, 1983.

[8] S. André, *Que veut une femme?*, Paris, Seuil, 1986.

[9] M. Segalen, J. Chamarat, "Les rosières se suivent et ne se ressemblent pas", Bulletin du Centre d'animation de l'histoire de Nanterre, 8 de junho de 1979.

[10] Y. Verdier, *Façons de dire, façons de faire*, Paris, Gallimard, 1983.

[11] A. Tillier, *Des criminelles au village. Femmes infanticides en Bretagne (1825-1865)*, prefácio de A. Corbin, Presses universitaires de Rennes, 2001.

[12] A.-M. Martin-Fugier, *La Place des bonnes. La domesticité féminine à Paris en 1900*, Grasset, 1979.

[13] G.-E. Clancier, *Le Pain noir*, Grasset, 1956-1961, 4 vol.

[14] M.-V. Louis, *Le Droit de cuissage*, Les Éditions de l'Atelier, 1994.

A emancipação

Ao final do século XIX, o triunfo das ideias republicanas fez com que o indivíduo fosse valorizado como sujeito livre. Em quais condições as mulheres e meninas podem ser, também elas, sujeitos livres? A dessacralização da virgindade feminina é um dos sintomas mais eloquentes da revolução antropológica que então se afirma e indica que a representação do sexo fraco foi subvertida e todas as relações entre mulheres e homens devem ser repensadas. Essa reviravolta se completa quando duas fortes tendências da sociedade contemporânea entram em confluência: o aprimoramento da Medicina e o feminismo.

OS NOVOS DESAFIOS

Novos desafios surgem. Apesar de resistências muito fortes, as moças adquirirem direitos e meios de dispor de seu corpo com a anuência dos homens, mas o que está em jogo para eles não é o mesmo que está em jogo para elas.

Os desafios masculinos

A saúde pública se torna um desafio maior para os poderes públicos da Terceira República Francesa. As descobertas de Pasteur ensinam os médicos como limitar a transmissão das doenças infecciosas. Uma delas, a sífilis, surge como uma verdadeira assombração, e a inocência das gansas brancas as coloca à mercê de um noivo infectado e sem escrúpulos. A varíola é partilhada entre os esposos como o pão de todo dia, diz-se na época; fala-se também que deflorar uma virgem cura um homem da varíola... O doutor Fournier, venereologista, fica indignado. Quantas vezes, pouco tempo depois de advertir um jovem de que ele poderia transmitir a doença, o médico não recebeu um insolente convite de casamento? O perigo é ainda maior para as operárias e outras moças do povo que cedem a um sedutor; esse flagelo "apodrece a raça", lê-se frequentemente.

Como proteger as inocentes? Uma sociedade de profilaxia sanitária e moral, fundada em 1901, quer ao menos alertar a opinião pública. Ela recebe algumas mulheres médicas, que se esforçam para ganhar o apoio de pessoas cultas para a cruzada antivenérea. Sabe-se que as faculdades de Medicina por muito tempo recusaram-se a receber mulheres, a fim de preservar sua inocência. O obstáculo foi afastado por volta dos anos 1860, por influência da imperatriz Eugénia, a esposa de Napoleão III. O argumento decisivo foi o de que era preciso ter cuidado com o pudor feminino: as médicas serão mais bem-aceitas pelas mulheres. A doutora Pieczinska produz, então, em 1898, um manual destinado às mães, *L'École de la pureté*. Outras senhoras a imitam: madame Moll-Weiss funda em Bordeaux a primeira escola de mães e publica *Les mères de demain* (1902); em *Comment j'ai instruit mes filles*, madame Leroy-Allais conta e partilha sua experiência. Esses livros reabilitam o sexo ao restabelecer seus elos com a maternidade – nada há de vergonhoso no ato carnal, uma vez que ele permite a concepção de uma criança. Uma apresentação sumária da anatomia e psicologia femininas é acompanhada de considerações morais e higiênicas: uma moça pura tem o direito de exigir a pureza de seu noivo, sendo a castidade dele a melhor garantia da boa saúde dela. Conceder às donzelas o direito de controlar as condutas masculinas já é uma revolução!

Por sua vez, os republicanos laicos sonham em facilitar o encontro afetivo entre os jovens esposos e preencher o fosso que existe entre a gansa branca e o noivo, que, na falta de melhor opção, se formou junto às prostitutas. Pretende-se transpor para a intimidade a declaração de Jules Ferry: "precisamos de mulheres republicanas para nossos homens republicanos." Léon Blum desenvolve esse tema em 1907 em *Du mariage*, em que propõe uma nova imagem do casal, segundo a qual a felicidade conjugal está fundada na harmonia dos sentidos e corações. Todavia, ao recomendar o amor livre antes do casamento tanto para as moças quanto para os rapazes, ele provoca um escândalo que atrapalhará o início de sua carreira. Entre outros militantes, encontramos os neomalthusianos, que querem reduzir o número de nascimentos para tornar a mão de obra escassa e fazer com que os salários aumentem. Eles vão até as portas das fábricas para distribuir panfletos para as moças e lhes revelar os meios de contracepção.

Os desafios femininos[1]

Nessa época, a formação das moças já evoluiu significativamente: são obrigatórios seis anos de escola primária, e os liceus para meninas, criados em 1880, agora concorrem com os estabelecimentos religiosos. É verdade que os programas silenciam em matéria de sexo, mas o impulso aos estudos é dado e muitas meninas tomam gosto. Logo, podem se informar sozinhas. Luise Weiss conta que toda noite descia à biblioteca do pai para ler os livros proibidos ou simplesmente os dicionários. Certamente, não era a única.

As feministas da "Primeira Onda" reivindicam sobretudo direitos civis e políticos, mas inúmeras militantes, dentre as quais Nelly Roussel,[2] denunciam com paixão o "monstruoso edifício de estupidez e imoralidade que chamamos de 'educação das meninas'". Sempre afirmando que uma menina deve conquistar *por si mesma* as luzes de que necessita, pois é assim que se atinge a idade adulta, Nelly reivindica livros escolares em que a reprodução humana seja explicada tão claramente quanto a digestão ou o sistema nervoso.

Sem dúvida, a feminista mais inventiva nessa área é Madeleine Pelletier, médica e solteira empedernida, que se vestia como homem. Em 1914, ela publicou *Éducation féministe des filles*, em que define as etapas de formação: aos 7 anos, a menina recebe informações sobre a gestação e o parto; aos 12, sobre as relações sexuais – primeiro dos animais, depois dos seres humanos, sem qualquer consideração de ordem moral – aos 15, tudo lhe deve ser revelado, o que inclui as práticas sociais – sedução, maternidade no casamento e fora dele, doenças venéreas e prostituição. A autora destaca que toda educação é sexual ou, ao menos, sexuada, uma vez que responde à questão: deve-se confirmar ou neutralizar em uma criança os efeitos de seu sexo biológico? O conceito de "gênero" ainda é embrionário. O grande objetivo dessa discussão é inventar um método moderno de educação sexual "a frio", que esteja dissociado do desejo amoroso e da moral. O direito ao amor é imprescritível, afirma Madeleine, mas, no estado atual de nossa civilização, aquela que quer gozar de tal direito se arrisca a se tornar idiota e a ser presa dos homens. "Virilizar", "masculinizar" a moça é, afirma a autora, o único meio de eliminar a inferioridade social do sexo feminino. Essa conclusão, inadmissível na época, comprometerá o sucesso desse texto pioneiro.

A educação sexual

A expressão "educação sexual" se impôs em 1918, quando a Liga de Ensino pediu à ardorosa feminista Adrienne Avril de Sainte-Croix uma conferência sobre o tema. A oradora convidou o Conselho Superior da Educação Nacional francês para completar a formação dos professores nessa área. O apelo foi atendido, notadamente pelas mulheres sindicalistas do ensino laico, que dedicaram seu congresso de 1924 à educação sexual. Outro eco bastante importante foi o da doutora Germaine Montreuil-Strauss, que multiplicou as obras destinadas às moças. Ela organizou conferências públicas (cerca de quinhentas em seis anos) realizadas por médicas. Para atingir os segmentos modestos da população, ela mobilizou as professoras – 60 conferências em 36 escolas normais com a projeção de um filme americano sobre saúde social que alertava sobre os riscos da gravidez e o perigo venéreo. O público eram as alunas instrutoras de 16 a 19 anos; consultadas em seguida por questionário, as ouvintes relatam sua satisfação unânime e sua viva gratidão. E se indignam com o fato de terem acreditado que as protegiam deixando-as na ignorância.

ENFRENTAMENTOS

A literatura testemunha a confusão e a inquietude provocadas por tais iniciativas. O romance de sucesso *As semivirgens*, de Marcel Prévost, que será reeditado 12 vezes entre 1894 e 1934, precisa as reticências. A heroína, Maud, belíssima jovem de 20 anos, é virgem? Ela se guarda "intocada" para um jovem aristocrata a quem desejava desposar, mas tem um "Amante" a quem ama e a quem concede intimidades (a palavra "Amante", em maiúscula, significa que ela comete adultério antes de estar casada). Muito bem informada sobre seu corpo e tudo que está relacionado ao sexo, ela é capaz de seduzir e manipular os homens. Em 1924, outro enorme escândalo se segue à publicação de *La Garçonne*, romance de Victor Margueritte. Após ter surpreendido, na véspera do casamento, seu noivo com outra mulher, a heroína se lança nos braços do primeiro que aparece; sua defloração é de uma violência extrema, física e moral. Em seguida, ela multiplica as experiências mais vis ou arriscadas – as drogas, por exemplo. Sua aventura acaba bem, pois ela encontra o bom caminho do casamento. *La Garçonne* conhece um sucesso imenso e imediato: teve milhões de exemplares vendidos e foi traduzido para uma dezena de línguas; fez a fortuna do autor, que, ao mesmo tempo, foi coberto de injúrias em quase todos os jornais e, por unanimidade, teve seu nome apagado da Legião de Honra.

Por que tanta comoção?[3] Logo após a Primeira Guerra Mundial, a sociedade ocidental conhece mudanças espetaculares: as moças cortam seus cabelos, encurtam seus vestidos até os joelhos, eliminam o corpete e as roupas de baixo cheias de fru-frus, ficam à vontade com calças compridas, fumam, dançam o charleston, praticam esporte, andam de bicicleta e dirigem automóveis. As que fazem estudos secundários e superiores são cada vez mais numerosas; elas se tornam advogadas ou médicas, seu sucesso profissional coloca em xeque o sexo forte. As lésbicas ousam se mostrar. Caminha-se rumo à confusão dos sexos e dos gêneros? Os homens não são os únicos a se preocupar. As próprias feministas condenam alguns "excessos": não querem amedrontar os políticos que hesitam em lhes dar o direito de sufrágio e que, por estarem obsedados com o declínio dos nascimentos, promulgam leis repressivas para impedir as mulheres de ter acesso à contracepção.

O IMPACTO DA PSICANÁLISE

No entreguerras, as descobertas da psicanálise se difundem rapidamente. Ao inserir a "sexualidade" no centro da experiência humana, essa disciplina obriga os ocidentais a repensar os fundamentos de sua cultura. Os médicos que praticam esse método avançam no terreno dos padres católicos, esforçando-se, como os confessores, para escutar longamente as filhas de Eva que sofrem psicologicamente de histeria ou neuroses; eles as ouvem em vez de atribuir tal estado à "fraqueza" de sua "natureza". Freud faz uma descoberta revolucionária: alguns graves problemas da idade adulta seriam explicados pelas experiências infantis, frequentemente ligadas à sexualidade, que foram relegadas a um "inconsciente" inacessível. Inicialmente, sua dissertação sobre *A sexualidade infantil*, publicada em 1905, é violentamente rejeitada: o desejo sexual, acredita-se então, é despertado apenas na puberdade com o objetivo de assegurar a reprodução. Contudo, pouco a pouco Freud faz com que seja aceita a ideia de que a "libido", a procura pelo prazer, notadamente de natureza sexual, existe desde o nascimento e se desenvolve continuamente. O conceito de libido retira toda culpa da "concupiscência", de Agostinho, ou da "carne", de Paulo; as pulsões sexuais perdem sua aura diabólica, ao passo que o "confinamento" da libido, como resultado de uma educação obscurantista, pode ser a origem de graves patologias.

Freud e seus rivais são homens do século XIX. Eles aceitam a segregação dos dois sexos tal como a cultura dominante a instituiu. Eles acreditam observar *a mulher* no que ela tem de eterno e universal. Partindo de uma bissexualidade presente em todos os seres, Freud se pergunta como a menina conduz a sua: o percurso que a leva à feminilidade não é fácil. Ela deve renunciar a seu clitóris, zona erógena "masculina", para erigir sua vagina "feminina" como zona erógena dominante e, superando o amor pela mãe, atingir o amor por seu pai e a "vontade do pênis". A puberdade aumenta seu "narcisismo", sua preocupação com sua beleza cresce juntamente com a vontade do pênis. Ela é precoce no plano intelectual, mas o percurso para a feminilidade inibe rapidamente sua curiosidade. Menos agressiva que o menino, ela necessita de ternura, de elos afetivos fortes. É preciso ainda que aceite sua dependência em relação a seu corpo, sujeito à menstruação, e que ceda ao impulso de "passividade" que a conduzirá ao "desejo de ter filhos" e tornar-se mãe. Esse caminho jamais é seguro; algumas moças voluntariosas recusam a "castração" e se conduzem como rapazes, com uma segurança insolente. O casamento não é suficiente para acalmá-las; apenas a maternidade irá curá-las – a criança salvadora fará desse ser instável uma pessoa satisfeita e que satisfaz os anseios da sociedade. De outra forma: não é o homem que põe fim à virgindade feminina; é o filho. Os gregos da Antiguidade clássica pensavam da mesma forma. A partir dos anos 1930, psicanalistas como Melanie Klein ou Karen Horney passam a discutir alguns desses ensinamentos. Sem questionar a diferença entre os sexos, elas decidem explorar mais profundamente o psiquismo feminino, esse "continente escuro".

O maior mérito dos psicanalistas, talvez, seja ter colocado em evidência a diversidade de experiências – cada uma e cada um vive a própria história, o que proíbe qualquer generalização precipitada. Os psicanalistas não se colocam jamais como reformadores, mas publicam inúmeros trabalhos e suas observações apaixonam muitos leitores. Entre muitos outros, os cristãos cultos se interessam por eles. O silêncio de chumbo com que os laicos cobrem a sexualidade não lhes convém. A virgindade feminina *e* masculina permanece a seus olhos uma elevada virtude moral, desde que tal opção seja feita com conhecimento de causa. A literatura psicanalítica alimenta e amadurece suas reflexões. Ela lembra aos pais seu dever de educação, sem deixar de levar em conta que, se estes se abstêm, é por não saberem o que fazer. O arcebispo de Paris, monsenhor Verdier, publica então *L'Eglise et l'éducation sexuelle*. Alguns militantes criam, em 1929, uma Escola de Pais para promover as "iniciações necessárias" e começam a difundir o que se chama a vulgata psicanalítica. Aliás, o domínio da cultura cristã entra em declínio; o número de vocações entre as moças diminui. E para muitas delas, criadas na escola laica, a instrução religiosa se reduz a pouca coisa. Quanto às que esperam se casar, apenas o temor de uma gravidez ilegítima agora as segura nas margens da liberdade sexual – a virgindade é uma expectativa.

A LIBERAÇÃO SEXUAL[4]

Nos dias que se seguiram à Segunda Guerra Mundial, as práticas contraceptivas também começaram a mudar de mão. Conhecidos de longa data, os preservativos e o coito interrompido dependiam da iniciativa ou, ao menos, do consentimento masculino, ao passo que os diafragmas e espermicidas, aprimorados pelos países anglo-saxões, poderiam ser utilizados pelas filhas de Eva às escondidas. Na França, a ruína vergonhosa do governo de Vichy foi um duro golpe para os valores tradicionais, que ele pretendera restaurar.

A "mistura" se instala nos estabelecimentos escolares. Os jovens de ambos os sexos não são mais separados durante seus estudos e tampouco em seus momentos de lazer. Suas relações se tornam incontroláveis. O primeiro romance de Françoise Sagan, *Bom dia, tristeza*, publicado em 1954, ilustrou essa mudança e marcou época. Ele é em grande parte autobiográfico. Aos 17 anos, Cécile lembra o momento em que Cyril "fez amor" com ela.

> Eu estava confusa: isso tinha que acontecer, tinha que acontecer. Depois, foi a ronda do amor: o medo que dá mão ao desejo, à ternura, à raiva e ao sofrimento que se seguia, triunfante: o prazer. Tive sorte, e Cyril, a doçura necessária para descobri-lo já naquele dia… Então, eu o amava mais que a mim mesma.

Durante esse breve idílio, ele lhe pergunta se ela temia ter um filho: "Eu lhe disse que confiaria nele, e ele pareceu achar isso natural." Entretanto, ela o deixa pouco depois, sem ter pensando em casamento. O livro obteve o prêmio dos críticos e vendeu cerca de 850 mil exemplares. O talento literário dessa adolescente surpreendeu os leitores, sua liberdade de estilo e modos os chocou profundamente.

Ao longo dos anos 1950, porém, o discurso sobre a sexualidade se banalizou. A descrição realista do ato sexual transbordou da literatura erótica; encontramo-lo em romances escritos por mulheres – *Os mandarins,* de Simone de Beauvoir, prêmio Goncourt de 1954, ou *O repouso do guerreiro,* de Christiane Rochefort, publicado em 1959. As revistas, os anúncios, os filmes começam a colocar o sexo na vitrine. A sexologia recebe suas credenciais de nobreza após os relatórios Kinsey, logo traduzidos para o francês (1948 e 1954).

É o melhor tempo para alertar os jovens. A Escola dos Pais, reorganizada entre 1946 e 1948, elege como seu presidente o professor Georges Heuyer, fundador, na França, da psiquiatria infantil. Cercado por colegas jovens, dentre os quais Françoise Dolto, Heuyer se empenha em transmitir aos pais as descobertas da psicanálise. Conferências, "círculos de pais", colóquios e congressos nacionais e internacionais atingem um público cada vez mais amplo. As mídias rapidamente assumem a parte que lhes cabe. "A base de uma verdadeira educação sexual consiste em valorizar o desejo para mantê-lo sob controle", afirma então Françoise Dolto. A livre contracepção é um fator essencial de tal controle, que a pílula garante a cada garota. No plano simbólico, os obstáculos logo são superados: como as mulheres, as meninas dispõem de seus corpos; não mais, como antes, para recusar o matrimônio e entrar no convento, mas para "fazer amor sem risco" antes do casamento. Como os meninos, as meninas podem gozar de seu sexo sem compromisso. Fazer amor *antes* do casamento, com quem quiserem! Que sorte, após milênios de proibição! As meninas dessa geração apreciam o presente em seu exato valor. Se o sexo forte agora abandona uma de suas prerrogativas essenciais é porque encontra nas novas disposições grandes vantagens pessoais. As virgens não são mais proibidas. A partir do despertar das pulsões, um adolescente pode desejar uma colega de classe ou uma vizinha de bairro e se satisfazer com ela sem a menor preocupação.

A CONTRAEDUCAÇÃO

As primeiras consumidoras da pílula, no começo dos anos 1970, são jovens entre 20 e 30 anos, quase todas solteiras, sem filhos e em luta contra a "sociedade patriarcal", que as aprisionou em sua virgindade. Elas maldizem suas mães, cúmplices do poder do macho, "corrente de transmissão da opressão". Entretanto, logo compreendem que essas mães foram vítimas antes de serem culpadas – alienavam porque eram elas próprias alienadas. Por isso, as pioneiras fazem tudo que lhes é possível para quebrar esse ciclo infernal; querem construir outra relação entre mãe e filha de maneira a extirpar o *sexismo* – palavra que se impôs ao final dos anos 1960 para rejeitar toda discriminação que condena o segundo sexo à inferioridade – e inventar uma contraeducação.

Algumas de suas posições são um tanto radicais, como a de impor às crianças de ambos os sexos as mesmas roupas e os mesmos brinquedos. Nenhuma mãe feminista ousa colocar uma saia em seu filho, mas todas vestem calças em suas filhas, que nem sempre ficam contentes. Da mesma forma, a menininha que ganhou uma boneca de presente muitas vezes se recusa a separar-se dela. Então, a mamãe impede o uso do brinquedo. A boneca dos anos 1970 é frequentemente sexuada, mas, sendo-o ou não, a mãe chama a atenção para essa parte do corpo e explica as diferenças entre os sexos. Ela ensina o que é menstruação e apresenta os cuidados íntimos de higiene como uma coisa natural; mostra os absorventes e faz com que a menina os experimente, como uma brincadeira. Os novos modelos, exaltados pela publicidade, podem ser introduzidos na vagina; amolecem o hímen sem destruí-lo, mas é significativo que o risco de defloração seja enormemente desprezado. Dane-se o hímen e sua simbologia!

No entanto, a anatomia e a psicologia femininas não são banalizadas, mas, ao contrário, ressimbolizadas positivamente. A vulva é uma "bela concha", cujo interior guarda um "porta-joias" que protege órgãos mais valiosos que o pipi do menino, uma vez que abrigam durante nove meses um bebê em formação. Portanto, não "falta" nada, nada de "vontade do pênis" – a reação contra Freud, encabeçada por Karen Horney, se intensifica. O sangue que corre não é uma imundície, não deve trazer nenhum desgosto; não é uma perda, mas promessa de fecundidade. É um insigne privilégio poder gerar um filho, mesmo que mais tarde se tenha o direito de recusá-lo.

Preocupadas em deixar que suas filhas descubram o corpo e o prazer, as mães feministas não reprimem a masturbação. Elas querem apaixonadamente banir a vergonha e a maldição que por tanto tempo humilharam o sexo fraco, querem ensinar a alegria de ser mulher.

A educação nacional tenta acompanhar a mudança de costumes. Em 1973, uma circular dá as diretivas aos responsáveis pelos estabelecimentos de ensino. Ela distingue a "informação", de caráter científico e sanitário, da "educação", que é uma chamada à responsabilidade. A passagem à ação educativa é difícil: muitos pais permanecem hostis, e os professores se sentem mal preparados. Os editores veem aí um mercado: manuais ilustrados e revistas assumem, à sua maneira, a educação sexual. As conselheiras do planejamento familiar fazem o papel de professoras; adolescentes de ambos os sexos vão consultá-las espontaneamente em número cada vez maior. Aos primeiros sinais de puberdade, muitas mães enviam suas filhas a uma ginecologista, profissão em plena ascensão que não tem nenhum equivalente masculino. Cabe a ela informar progressivamente a adolescente sobre os riscos de estupro, as doenças sexualmente transmissíveis, a contracepção. Essas revelações, essas iniciações talvez sejam menos traumáticas se vierem de uma estranha e, assim, forem dissociadas do elo afetivo existente entre mãe e filha.

É preciso lembrar também que a repressão ao estupro se torna possível. Um processo excepcional acontece em Aix-en-Provence, em 1978: três corsos são julgados por terem forçado, por meio de ameaças, duas jovens belgas que estavam acampando a manter relações sexuais com eles. Durante o processo, feministas vindas de toda a França e de países vizinhos promovem na cidade debates públicos de grande envergadura: elas ou eles rejeitam o mito do estupro impulsivo, ligado às necessidades sexuais irreprimíveis do macho,

A DESSACRALIZAÇÃO

mas também se opõem violentamente aos esquerdistas que os acusam de puritanismo. As vítimas recebem o apoio de inúmeros militantes de ambos os sexos, que multiplicam as manifestações em torno do palácio de justiça. Os estupradores são condenados a penas severas, vários anos de prisão. Em 1980 e 1983, novas leis serão promulgadas para reprimir o estupro. Mais tarde, o assédio sexual também será condenado. Sobretudo, policiais e juízes aprendem a acolher melhor as vítimas. No final do século XX, as filhas de Eva podem enfim tomar posse inteira e plenamente de seus corpos.

Notas

[1] Y. Knibiehler, "L'éducation sexuelle des filles au XXe siècle", CLIO, *Le Temps des jeunes filles*, 1996, n. 4.

[2] N. Roussel, *L'Éternelle Sacrifiée*, conferência realizada em Lille em 28 de janeiro de 1906. Texto publicado por D. Armogathe e M. Albistur, com prefácio, notas e comentários, Syros, 1979.

[3] C. Bard, *Les Garçonnes*, Flammarion, 1998.

[4] Y. Knibiehler, *La Révolution maternelle*, Paris, Perrin, 1997; Mouvement français pour le planning familial, I. Friedmann, *Liberté, sexualités, féminisme. 50 ans de combat du Planning pour les droits des femmes*, La Découverte, 2006.

UM NOVO PARADIGMA

Uma nova era parece ter-se aberto agora que a virgindade feminina não tem mais nenhum valor. O que desaparece com ela? Viu-se que a virgindade podia assumir simultaneamente três funções: garantir a autenticidade da filiação para perpetuar o patriarcado, assegurar a dominação masculina na relação amorosa e simbolizar a autonomia e a dignidade do sexo fraco diante do sexo forte. O que foi feito dessas três funções após a liberação sexual?

A primeira função caducou em razão do progresso das ciências e técnicas. O controle da fecundidade, o sequenciamento genético e a reprodução assistida ergueram todos os véus que escondiam a identidade do pai. Ao mesmo tempo, a transmissão de bens no interior de uma linhagem familiar perdeu sua antiga importância. E o número de adoções não para de aumentar. É claro que os homens renunciaram ao patriarcado, mas tal renúncia é causa ou consequência da liberação sexual? A segunda função também foi eliminada, ao menos na aparência. O costume oficial sempre foi o de um homem experimentado escolher uma virgem para iniciá-la à sua maneira e formar com ela um par estável e fecundo. Depois da pílula, o objetivo da primeira relação sexual raramente é formar um casal estável, e com bastante frequência a iniciação é recíproca. Mas a dominação masculina teria se dado por vencida em igual medida? Quanto à terceira função, ela desaparece a partir do momento em que as filhas de Eva afirmam sua liberdade e sua dignidade ao dispor de seu sexo.

Este princípio é doravante irrefutável: estamos em um novo paradigma. Mas, na prática, o que muda na vivência cotidiana da virgindade? As páginas que se seguem não pretendem responder a essa pergunta, mas apenas propor alguns elementos para reflexão.

QUINTA PARTE
O NOVO CONTEXTO

Embora os novos métodos de contracepção tenham desqualificado a virgindade feminina, fala-se dela mais que nunca. Durante os anos 1960 e 1970, pululavam pesquisas feitas às pressas, a curiosidade do público era insaciável. Os adultos queriam saber se e como os jovens, sobretudo as moças, usavam esta liberdade inédita: "fazer amor sem risco" e sem normas. Em seguida, a partir dos anos 1980, veio a época dos estudos acadêmicos. Com base em estatísticas e testemunhos recolhidos metodicamente, as pesquisas alimentaram inúmeras publicações em Psicologia, Sociologia, Etimologia, Antropologia, História.[1] Essas disciplinas tentavam avaliar com exatidão uma mutação considerada capital e definitiva: o surgimento da "livre sexualidade". Hoje basta visitar os fóruns e blogs da internet para constatar que a virgindade não deixou de preocupar os jovens e os não tão jovens. A notícia mais banal provoca debates sem fim. Essas reações proliferativas permitem entrever como será o amanhã?

As virgens sem qualidades

Tudo indica que as moças efetivamente dispõem de sua virgindade. Isso posto, tal liberdade não é ilimitada, pois novas normas passam a vigorar e a igualdade dos sexos ainda não está totalmente estabelecida.

A LIBERDADE

Agora, qualquer garota pode escolher as condições e circunstâncias de sua defloração, que não se reduz a uma simples formalidade. Não é apenas o corpo que está em jogo; ele é só um suporte. Mesmo aparentemente dessacralizada, dessocializada, a defloração ainda guarda, neste começo de século XXI, as características de um rito de passagem. É um limite a ser transposto cuja significação simbólica continua a ser considerável: adeus à infância, entrada na vida adulta, confirmação da identidade feminina. A liberdade oficial mascara ou coloca uma infinidade de questões: a jovem virgem deve identificar seu desejo, encontrar um parceiro, tomar uma decisão.

A partir do momento em que começamos a explorar esse percurso, encontramos uma diversidade infinita de experiências; cada caso é particular. Ao passo que as normas antigas impunham conformismos (o casamento...) e estereótipos, a emancipação das jovens confere a cada uma o estatuto de indivíduo singular e autônomo, que age em função de sua história e de suas emoções pessoais. Alguns dados gerais que se seguem permitem apenas situar particularidades individuais.

Dados gerais

No início dos anos 1960, cerca de 30% das moças eram defloradas antes de seu casamento; no final da mesma década, o percentual já havia atingido 60%. Em outras palavras, a pílula apenas confirmou e legitimou uma tendência já incorporada aos costumes. Entretanto, naqueles dias, que podem parecer já longínquos, a maioria das moças casava com seu primeiro namorado; elas ainda eram 65% nessa situação em 1980 – o casamento era apenas antecipado e conservava todo seu valor fundador. Não é mais assim hoje.

A idade em que os jovens têm sua primeira relação diminuiu entre os anos 1960 e 2000 – mais nitidamente para as moças (passando de 20 para 17 anos e 6 meses) que para os rapazes (de 18 anos e 6 meses para 17 anos e 2 meses). A idade média – por volta dos 17 anos – permaneceu estável desde então, mesmo que a puberdade se manifeste um pouco mais cedo. Todavia, 21% dos meninos e 10% das moças tiveram sua primeira relação por volta dos 15 anos. Quando precoces, as relações frequentemente são mais sofridas que festejadas, especialmente para as meninas.

A maturidade fisiológica é claramente mais precoce que a psicológica. A defasagem entre ambas constitui um tempo de aprendizagem da sexualidade, que inicialmente é solitária. A masturbação é frequente e precoce entre os meninos, mais tardia e menos comum entre as meninas. A conscientização do desejo sexual é suscitada pelas conversas com as amigas ou pela atração repentina por um garoto em particular. A manifestação do desejo é facilitada pelo relaxamento do controle dos pais sobre as saídas e relações e também pela existência de grupos de lazer mistos.

As experiências ditas "pré-sexuais", que antigamente duravam dois ou três anos, parecem ter-se acelerado. A descoberta dos corpos ia do primeiro flerte às carícias, passando pelo primeiro beijo. O flerte, de origem anglo-saxã, chegou à França no entreguerras. O beijo na boca foi popularizado pelo cinema. Para que as carícias se tornassem íntimas, *era preciso* um local apropriado para o encontro. Alguns pais "liberais", sobretudo mães, acolhiam o jovem casal no domicílio familiar. A nudez dos dois parceiros tornou-se quase ritual no momento supremo.

As jovens dizem ter recebido a informação sobre a contracepção não só pelas mídias (televisão, rádio, revistas), mas sobretudo graças à escola e às mães. Os rapazes também citam as mídias e a escola, mas mencionam principalmente os amigos. Em todo caso, as moças se adequaram bem à prevenção – no começo dos anos 1970, apenas 30% estavam protegidas na primeira relação; hoje são 93%.

Os pais baixam a guarda bastante rápido. Na verdade, veem que a situação lhes escapa. Algumas mães ficam incomodadas: "Minha filha poderia ter esperado até se casar! Eu esperei!". No geral, todavia, as mulheres, sejam mães, professoras, conselheiras, feministas declaradas ou não, transmitem de um jeito ou de outro a nova instrução: "Não se vai para a cama sem a pílula." Os pais são mais refratários. O querido papai continua frequentemente a se arrepiar diante da ideia de que sua filha, que ele acredita nem ter saído da infância, já tenha se entregado, perdidamente e sem autorização, a um moleque desprovido de cuidados e habilidade...

O NOVO CONTEXTO

As experiências pessoais

A moça imagina sua defloração em função do que já conhece. Caso se masturbe ou tenha recebido carícias, tem alguma chance de experimentar prazer desde a primeira vez; sobretudo, se o parceiro for cuidadoso e experiente, o que, na verdade, é bastante raro. Nem sempre a defloração é dolorosa e sangra, mas, no mínimo, surpreende. A perda da virgindade se opera mais comumente em dois momentos: na defloração propriamente dita e, um pouco mais tarde, no orgasmo. O comportamento do parceiro ganha sentido e valor nesses dois momentos. Se tudo se passa bem, a virgindade é logo esquecida, como se jamais tivesse existido.

Testemunhos[2] revelam tensões, sentimentos muito complexos, entre as virgens que, entretanto, já perderam toda a inocência. Eis uma feminista (chamada Virginie!) que desmistifica:

> A virgindade não existe, é uma invenção dos homens. Eu tinha 15 anos e meio quando tive meu primeiro namorado. [...] Não senti nada. Nem prazer nem dor. [...] O que eu queria era terminar de uma vez por todas com minha virgindade.

Esse tipo de discurso é exceção. Mesmo as que não pensam senão nas próprias sensações demonstram alguma hesitação. Michele, de 19 anos, acabou por superar seu embaraço:

> Era necessário que eu tivesse certeza de que tinha chegado a hora [...]. E quando senti que tudo em mim [...] buscava essa experiência, dei meu consentimento. Então experimentei minha liberdade [...], era como se eu tivesse entrado em um novo período de minha vida.

A decepção é frequente, mas não desencorajadora. Françoise, 17 anos: "Na primeira vez, nada. [...]. Entretanto, eu acreditava firmemente no gozo [...]. Após a quinta vez, comecei a experimentar sensações novas." Nenhuma dessas mocinhas parece fazer grande caso do parceiro, não estão apaixonadas. É sobretudo a curiosidade que as motiva. Ou o desejo de fazer como as amigas: "Você já fez? Como foi?". Entretanto, as mais sentimentais não renunciam ao Amor, elas querem encontrá-lo desde o início. Natália, de 16 anos e meio: "Aquele com quem eu tiver relações deverá me amar, como eu a ele".

E os meninos, como agem com as iniciantes? Alguns se fazem de cínicos, talvez para se acalmar. Claude pensa como Virginie: "É verdade que eu estava inseguro… mas foi idiota. […] Quando a gente é criança, brinca com carrinhos e quando cresce brinca com meninas grandes." Outros vão ver prostitutas. Os meninos, virgens ou não, descobrem com espanto a resistência das virgens. Yves não conseguiu tirar a de sua companheira: "Ela via que eu não aguentava mais […]. Mas resistiu". Cyril alcançou seus objetivos:

> Haviam lhe colocado ideias falsas na cabeça; que fazia mal, que se podia engravidar mesmo que o rapaz usasse preservativo […]. Depois dessa explicação, fizemos amor. Eu a havia tranquilizado.

A defloração precisa de uma conversa… Acontece que Yves e Cyril não representam a maioria dos homens. Virgens ou não, um jovem macho que "fica com tesão" quer se satisfazer logo. Essa exigência masculina representa um problema para a liberdade feminina. E muitas outras dificuldades surgem.

A IGUALDADE

"Nós, que tínhamos 15 anos no final dos anos 1970 ou no começo dos anos 1980, realmente nascemos no momento certo, escreve Sandrine Treiner.[3] […] Era comum inaugurarmos nossa vida sexual adulta com a pílula. Além de seu efeito contraceptivo, ela tinha um valor simbólico. Tínhamos orgulho de tomá-la, assim como éramos orgulhosas de nossa menstruação. Ela significava que havíamos nos tornado responsáveis. Ficávamos embevecidas com nosso corpo." Geração privilegiada, de fato. A euforia não durou muito tempo. Tomar a pílula não é tão simples.

As novas normas

A medicação da contracepção colocou o corpo feminino sob controle. A prescrição médica pressupõe uma consulta. O exame ginecológico, tão humilhante, não é obrigatório, mas alguns médicos, mal informados ou mal-intencionados, o praticam mesmo assim – prova temível para uma moça pudica. Em seguida, recomenda-se que a pílula seja tomada continuamente à espera da primeira relação, mesmo que os encontros sejam espaçados – isso por precaução, para estar preparada para qualquer eventualidade. Ora, esse medicamento às vezes provoca distúrbios digestivos, engorda, as marcas mais bem toleradas custam mais caro e não são reembolsadas pelo sistema público de saúde. Além disso, a pílula é contraindicada quando se faz uso de cigarros, outro precioso símbolo de emancipação. Ela exige uma assiduidade absoluta: é preciso tomá-la todos os dias no mesmo horário. Aquela que esquece conta às amigas, um pouco para que saibam que ela não é mais virgem, um pouco para que a ajudem a superar sua preocupação. Aliás, uma dúvida surge às vezes: "Talvez eu seja estéril, então para que me intoxicar?".

Enfim, para poder dispor de sua virgindade a garota deve enfrentar, em sua tenra idade, uma série de preocupações e dissabores. Sozinha ou quase. Muitas mães, tranquilizadas pela pílula, relaxam. "Agora", constata mais uma vez Sandrine Treiner, "pode-se falar de contracepção sem ter que falar também de sexo. Educar suas filhas significa pôr em suas mãos uma cartela de pílulas, eventualmente sem dizer uma palavra. De certa maneira, ainda que o gesto pareça implicar naturalmente um reconhecimento da sexualidade de seus filhos, para nossas mães isso era mais fácil do que uma verdadeira conversa sobre o amor físico e os riscos – e prazeres – que ele comporta." Ao mesmo tempo, a mãe que quisesse acompanhar os primeiros amores de sua filha seria acusada de ser intrusa, abusiva.

O pior é que, apesar dos discursos, a dominação masculina não recuou diante da pílula; trocou de máscara, passando, paradoxalmente, a usar a da liberdade sexual. Rapidamente, o parceiro deixa de esperar pelo consentimento da virgem receosa: "Se você tomar a pílula, não há risco nenhum, podemos transar." Aquela que resiste é qualificada de "travada", careta, fogo de palha etc. O rapaz faz chantagem: "Se você não se decidir, procuro em outro lugar". A descriminalização do aborto aumenta a pressão: "Se ficar grávida, não é o fim do mundo, você faz um aborto…". Enfim, o surgimento da aids, em meados dos anos 1980, desqualificou a pílula, que não protege contra as doenças sexualmente transmissíveis. O preservativo masculino voltou a ser indispensável, mas muitos o acham desconfortável e ele pode "estourar". Como contraceptivo, é menos seguro que a pílula. Logo, a menina virgem só está verdadeiramente segura se seu primeiro parceiro for virgem, mas nem sempre é o caso; frequentemente, ela é assediada por um homem mais velho e experiente.

Pior ainda: o temor de pesadas sanções que agora pairam sobre o estupro levam alguns estupradores a matar suas vítimas para não serem denunciados. O estuprador e assassino em série Michel Fourniret relatou aos juízes a atração irresistível que sentia por certas moças virgens. Na realidade, ainda hoje a vítima de estupro raramente ousa dar queixa; é sempre muito doloroso passar por esse tipo de investigação e igualmente difícil provar que não houve consentimento.

O NOVO CONTEXTO

Os riscos:
a maternidade na adolescência

A moça que se desfaz de seu hímen praticamente só pensa no agora. Mesmo que seja bem informada, não imagina que possa ser fecundada na primeira relação. Nem nas seguintes. Nos filmes, nos romances, as pessoas fazem amor ardentemente sem que ninguém engravide. A "sociedade contraceptiva" conseguiu dissociar muito bem a sexualidade da gravidez – ao menos nas mentalidades.

Entre 1990 e 1997, a taxa de aborto aumentou de 15% para 19% entre as meninas de 18 e 19 anos, e de 6% para 7% entre as de 15 e 18 anos (menores). A partir de 1999, a "pílula do dia seguinte" passou a ser oferecida às meninas até mesmo nas escolas. Apesar disso, ao longo dos anos 2000, cerca de 4.000 crianças nasceram a cada ano na França de mães menores que preferiram tê-las.

As contemporâneas de Joana D'Arc e de Hipárquia (ver capítulo "As mortais") eram dadas em casamento por volta de seus 16 anos e a maior parte engravidava pouco depois, ainda adolescente, diríamos nós. Essas referências caíram nas trevas do esquecimento. No final do século XX, a maternidade das adolescentes suscitou comoção e preocupação gerais. As ciências humanas direcionaram seus trabalhos para esse fato. Hoje o compreendemos melhor e discernimos sua origem simultaneamente psicológica e social, mas os adultos responsáveis sempre acolhem bastante mal essas adolescentes e se desdobram à procura de paliativos.

No plano psicológico, os especialistas lembram que a paternidade e a maternidade são processos inconscientes que são forjados desde a infância. Na adolescência, a maturação dos órgãos genitais é um fator essencial de preocupação, de "crise", os jovens ficam alterados. Alguns desenvolvem patologias graves: anorexia, depressão, tentativas de suicídio. Outros, em maior número, multiplicam os comportamentos de risco: brincadeiras perigosas, fugas, fracasso escolar. A defloração desejada pela menina e realizada sem proteção pode ser contada entre esse tipo de comportamento. Ela pode também demonstrar o narcisismo de toda menina que quer ter pleno conhecimento do corpo, experimentar todas as sensações que ele proporciona, ver do que ele é capaz, saber se ele é fértil. A adolescência é também a idade das transições e contradições entre o desejo de autonomia e a necessidade de dependência. Fazer amor é um ato de emancipação; ficar grávida, ao contrário, é reencontrar formas de proteção e controle, mesmo que por meio de cuidados médicos. O inconsciente anula as racionalizações. O elo entre a virgindade perdida e a procriação se revela às vezes bastante forte para destruir todas as barreiras.

No plano social, uma gravidez imprevista é vista por algumas garotas como uma oportunidade inesperada de integração. Elas pertencem mais frequentemente às camadas desfavorecidas da população e cresceram sem alegrias em uma família cercada de preocupações e misérias. Não é raro que tenham sido abandonadas por seus pais ou maltratadas e criadas sob a supervisão do Conselho Tutelar de Menores em alguma instituição ou por uma família que as tenha acolhido. Sua escolaridade, frequentemente precária, lhes proporcionou mais humilhações que satisfações. Não se interessam por nenhuma profissão. E se, além disso, o primeiro namorado as decepciona, perdem toda ilusão, toda confiança no futuro. Dar à luz um bebê abre, então, uma perspectiva nova, ao menos em um primeiro momento. Por causa disso, aquela que se descobre grávida arrisca-se a recusar firmemente o aborto. Ela talvez pense nos subsídios do governo, que lhe proporcionam algum

O NOVO CONTEXTO

rendimento; mas, mais frequentemente, trata-se de coisa bem diversa. A menina quer se tornar mãe para passar a ter valor aos próprios olhos e aos dos outros, para encontrar um sentido para sua vida, para "ter alguém a quem amar". O nascimento e o apego ao bebê a reconciliam consigo mesma; ela procura uma formação, um trabalho, busca se fixar. A passagem da virgindade à maternidade lhe dá a chance de se construir.

Outro contexto: quando ocorre logo após a defloração, a gravidez pode permanecer imperceptível. A menina não percebe os sintomas em seu corpo; não tem náuseas, seus seios não incham, ainda tem sangramentos. O tempo passa. Quando a verdade enfim se impõe, no quinto ou sexto mês, é muito tarde para fazer um aborto e só resta preparar o parto e o enxoval. Então, às vezes, todos os sintomas surgem de uma só vez. Uma ginecologista cita o caso de uma jovem paciente que ganhou 20 quilos durante os três últimos meses de gestação, após ter certeza de que sua maternidade estava próxima. Inconsciência ou dissimulação? Não se sabe. A patologia que chamamos de "negação de gravidez" não é exclusiva das virgens recentemente defloradas, mas entre essas pacientes talvez tenha um significado específico.

Os riscos: o aborto na juventude

Em geral, uma jovem logo percebe que está grávida, e os testes bioquímicos permitem-lhe comprovar isso. Seu corpo foge a seu controle; que momento desconcertante! Ela sabe que deve decidir, sem demora, se interrompe a gravidez ou se a mantém. Isto é, se aborta ou dá à luz. A angústia se instala. É raro que o namorado, autor da gravidez, seja o primeiro a saber, como se o caso não lhe dissesse respeito, a não ser de longe. Às vezes é a mãe ou, mais frequentemente, uma amiga íntima que recebe a confidência. Quase sempre os mais próximos aconselham o aborto – a menina é "muito nova" (segundo as normas modernas) para ter um filho; ela deve continuar seus estudos; sua relação com seu parceiro é frágil... Ela logo marca uma consulta para fazer a intervenção que a libertará.

Entre os cerca de 220 mil abortos realizados na França a cada ano, por volta de 13 mil são de menores (sem contar as que partem para o estrangeiro). Esse número tende a aumentar. É verdade que os avanços da Medicina permitem reduzir ao mínimo os riscos da intervenção e que a anestesia geral reduz o sofrimento físico. As militantes do planejamento familiar mais dogmáticas veem aí uma experiência positiva. Aquela que interrompe sua gravidez, dizem, afirma sua liberdade diante da procriação; ela prova – se é que prova – que domina seu corpo, que sabe burlar a lei da espécie, que saberá o bom momento para engravidar. Tais convicções são discutíveis. Muitas das que querem interromper a gravidez se justificam explicando que "não têm escolha". Onde está sua liberdade? E, sobretudo, mesmo desdramatizado, o aborto continua a ser uma provação física e moral que os homens não podem conhecer. Sofrimento que confirma, cruelmente, a assimetria dos sexos. Sugerir a uma jovem que aborte é persistir na afirmação de que a procriação depende exclusivamente das mulheres, e apenas delas, na esfera privada. Fazer do aborto o símbolo da liberdade feminina é um grave erro de avaliação.

Na Holanda, que tem a lei sobre o aborto mais liberal do mundo, pode-se interromper a gravidez até que o feto seja viável (ou seja, 22 semanas) e, no entanto, a taxa de aborto permanece muito baixa. Nesse país, a sexualidade de crianças e adolescentes faz parte do currículo da escola desde o maternal e é acompanhada por todos os adultos – pais, professores, cuidadores. A contracepção lá é muito pouco medicalizada, pois é empregada sem dificuldade desde a puberdade. E os homens são convidados a assumir toda sua responsabilidade. Hoje estão lá as condições indispensáveis para que uma jovem possa dispor verdadeiramente de sua virgindade sem muitos riscos.

Notas

[1] Entre os principais trabalhos, citemos, 1972, *Rapport sur le comportement sexuel des Français*, organizado pelo doutor P. Simon; 1981, *La Première Fois*, trabalho coletivo prefaciado pelo doutor G. Tordjman, Ramsay; 1996, C. Valabregue, S. Treiner, *La Pilule et après?*, Stock; 1997, H. Lagrange, B. Lhomond, *L'Entrée dans la sexualité*. La Découverte; 1997, M. Bydlowski, *La Dette de vie. Itinéraire psychanalytique de la maternité*, PUF; N. Bajos, M Ferrand (org), *De la contraception à l'avortement*, Inserm; 2008, N. Bajos, M. Bozon (org.), *La Sexualité en France*, prefácio de M. Godelier, Inserm/La Découverte; 2011, M. Fize, *Les Nouvelles Adolescentes*, Armand Colin, 2010.

[2] Os exemplos que se seguem foram retirados de *La Première Fois*, op. cit.

[3] C. Valabregue, S. Treiner, *La Pilule et après?*, op. cit.

Sobrevivências ou permanências

Portanto, hoje a virgindade está dessacralizada, mas não inativa. Tudo se passa como se as forças de sobrevivência a impedissem de se eclipsar definitivamente. Trata-se de uma sobrevivência provisória, que se apagará com o tempo, ou, ao contrário, é preciso admitir que a virgindade feminina guarda um significado peculiar, permanente, ligado à diferença dos sexos? Em todo caso, ela parece estar recuperando sentido e valor, e não apenas para as pessoas que conservam uma sensibilidade religiosa. Cristãos e muçulmanos se expressam cada vez mais livremente sobre essa matéria, mas o movimento No Sex, que avança nos Estados Unidos, não está ligado oficialmente a nenhuma confissão religiosa. Essas diferentes manifestações permitem entrever como e por que a virgindade voluntária se adapta aos novos contextos do século XXI.

A CULTURA CRISTÃ

O Concílio Vaticano II (1962-1965) atualizou o catolicismo e confirmou, uma vez mais, que a virgindade não é uma particularidade anatômica, mas uma intenção moral, uma escolha de vida, uma expressão da liberdade individual. No entanto, o concílio freou o desenvolvimento da mariologia. Os padres não redigiram nenhum texto específico sobre Maria, mas incorporaram no documento dedicado à Igreja, *Lumen Gentium*, o que diz respeito a ela, de maneira a reposicionar a mãe de Jesus entre os crentes e vinculá-la estreitamente ao Cristo. Esse cuidado facilita o diálogo ecumênico não somente com os cristãos não católicos, mas também com os judeus. As "teólogas feministas" manifestaram sua satisfação: Maria é antes de tudo uma mulher, solidária a todas as mulheres.[1]

As virgens consagradas

O decreto conciliar *Perfectae caritatis* prescreveu a revisão da liturgia para fazer com que seu significado ficasse mais evidente. Ao longo desse trabalho, realizado entre 1965 e 1970, o ritual da consagração das virgens foi ao mesmo tempo restaurado e simplificado – lembremos que Pio XII o considerava "um dos mais belos monumentos da liturgia antiga".[2] Esse decreto recolocou em primeiro plano o caráter "esponsal" da profissão religiosa feminina; se a consagração continuou a ser o equivalente do casamento, e a consagrada a ser "esposa do Cristo", a simbologia foi modernizada. Assim, para as "contemplativas", as marcas concretas do claustro perderam a razão de ser. As religiosas mais idosas viram desaparecer, não sem emoção, as grades que as "protegiam" do mundo exterior; elas não aceitaram, senão com pesar, a simplificação de seus costumes.[3] As mais jovens, ao contrário, suspiraram aliviadas.

"Compreendi", disse uma delas, "que a grade estava relacionada à renúncia ao amor humano [...]. Quando não tive mais medo de amar 'os de fora', fiquei feliz por ela ter sido retirada".

Cabe a cada uma construir suas muralhas. No mesmo espírito, os votos "perpétuos" foram abrandados.

As apostólicas agora falam muito mais de suas "missões" que de suas "vocações". Se renunciaram a constituir família foi para poder socorrer a todos os que sofrem – elas se ocupam deles prioritariamente, as regras da vida consagrada passam para segundo plano. Vestem-se como todo mundo e saem quando querem. As missões realizadas podem proporcionar às mais carismáticas uma grande notoriedade; foi o caso de madre Teresa e, depois, da irmã Emanuela.

A sexualidade banalizada pelas ciências humanas e reabilitada dá muito menos medo agora. As religiosas aceitam falar dela. As que antes de entrar para a religião conheceram experiências amorosas, castas ou não, são mais numerosas que antes. Uma disse:

> Renunciei ao ato sexual, mas não a amar. Tenho muitos amigos homens e ao vê-los acontece de eu ficar profundamente emocionada. Isso prova que meu corpo de mulher funciona bem. Conheço o amor do homem e o de Deus. Certamente não O deixaria por um homem.

Todas reconhecem que a sexualidade continua a ser vivida com dificuldade; é a relação com o outro que cria mais vínculos, a mais carregada de emoção e exigências, "o que temos de mais profundo em nós". A castidade revela a Ausência, "como um pequeno canto da virgindade que nada nos tomará, que pertence exclusivamente a cada uma de nossas solidões". O único lamento expresso, no momento da menopausa, é o de não ter tido um filho. Na verdade, elas quase dizem: não nascemos virgens, tornamo-nos. A virgindade, aqui, tende a se unir à castidade.

O NOVO CONTEXTO

A ressurreição da *ordo virginum*

O fenômeno mais significativo da modernização no campo que estudamos talvez seja a ressurreição da *ordo virginum* (ver capítulo "O islamismo"). A consagração das "virgens laicas" havia caído em desuso ao longo da Idade Média, mas, por ocasião da revisão geral dos rituais, sua restauração foi reclamada. Em 31 de maio de 1970, um novo cerimonial foi promulgado. Esse reconhecimento deve muito a Anne Leflaive (1889-1987).[4] Filha de um industrial de Lion, essa mística feminista havia se dedicado durante os anos 1920 e 1930 aos movimentos da juventude feminina. Após a Segunda Guerra Mundial, ela foi um elo oficioso entre o Conselho Nacional do Patronato Francês (CNPF) e o Vaticano. Consagrada no dia em que completou 25 anos, em um tempo em que essa cerimônia havia-se tornado raríssima, ela lutou em seguida sem descanso para ressuscitá-la.

Após 1970 o número de virgens "laicas" não parou de crescer, enquanto o de religiosas "oficiais" decaía. Isso é verdade na França, ainda mais na Europa, especialmente na antiga União Soviética e no restante do mundo. Elas são recrutadas sobretudo nas camadas médias cultas e entre as mulheres que exercem profissões liberais: cuidadoras, psicólogas, professoras, advogadas, dirigentes de empresas ou instituições. Uma delas, francesa, é ex-primeira bailarina do *Opéra National* de Paris. Cada uma vive como quer, onde quer. Elas se encontram tanto nos congressos nacionais e internacionais quanto pela *web,* mas sua "ordem" não tem organograma ou hierarquia. Fundaram uma revista: *Christi sponsa.* Impossível precisar seu número, pois quase todas preferem guardar o anonimato, que, dizem, facilita seu apostolado. Uma observação: elas celebram seu aniversário enviando todo ano uma delegação a Roma, em peregrinação. Em 2008, eram quinhentas delegadas representando 52 países.

A mídia divulgou recentemente o nome de Marie-Jo Thiel, virgem consagrada escolhida entre 152 candidatas por José Manuel Barroso, então presidente da Comissão Europeia, para participar do Grupo Europeu das Ciências e Novas Tecnologias. Há aqui, para a virgindade consagrada, uma mudança aparentemente sólida, bem de acordo com a emancipação feminina. O futuro dirá o que virá daí.

A CULTURA MUÇULMANA[5]

Diferentemente do cristianismo, as tradições no meio muçulmano continuam a focalizar o hímen, que guarda para as moças o valor de um documento de identidade. A migração para a Europa confronta essas populações com os costumes ocidentais. Graças ao feminismo, o desprezo pela virgindade agora figura entre os critérios de igualdade dos sexos para as ocidentais. E, por causa disso, para as filhas de imigrantes, fazer amor antes do casamento é um critério de integração ao país que as acolheu.

Como se sabe, os filhos de imigrantes passam por uma socialização dicotomizada: a educação pública, fundada na emancipação do indivíduo, entra em choque com a educação recebida em casa, familiar e fundada no respeito pelas tradições. As moças são as principais vítimas dessa contradição.[6] A educação pública as incentiva a conquistar sua autonomia mediante bons estudos, exercício de uma profissão, livre escolha de um companheiro; já a educação doméstica as prepara para tornarem-se boas mães, bem inseridas em seu clã, isto é, jovens casadas de acordo com a escolha de suas famílias e levadas a permanecer virgens até o casamento. Diante dessa tensão, algumas se revoltam; outras se adaptam.[7]

As revoltas

Algumas meninas se revoltam contra seus pais ao crescerem – suas tribulações frequentam a mídia, e os testemunhos são abundantes. No mais das vezes, elas são oriundas de um meio modesto em que falar de sexo é "uma vergonha". O pai é ausente ou indiferente; a mãe, rígida, ansiosa, educa sua filha com proibições, negando as saídas, controlando os lugares que frequenta, vasculhando suas coisas para se assegurar de que ela não toma pílula às escondidas. Os irmãos exercem uma vigilância arrogante e brutal. Essas moças sabem que estão ameaçadas: de terem que deixar a escola, de serem enviadas ao país de origem, de terem um casamento forçado. As mais maltratadas multiplicam as fugas ou passam por fases severas de depressão, com tentativas de suicídio. O serviço social as coloca em uma instituição de acolhimento ou em uma casa de família até sua maioridade. Muitas rompem totalmente com sua cultura de origem. Algumas pagam muito caro, sofrem formas violentas de intimidação, violações, "curras". Todos se lembram de uma notícia chocante: o suplício de Sohane, morta aos 17 anos, em 4 de outubro de 2002, em Vitry-le-François, em decorrência das queimaduras que lhe foram infligidas por um liderzinho local, Djamel, de 19 anos, para "dar exemplo".

A literatura reflete esses sofrimentos. Nos romances escritos por autoras magrebinas, às vezes inspirados em lembranças pessoais, as situações são frequentemente dramatizadas ao máximo, caricaturadas, em um desejo evidente de denúncia. As personagens femininas vingam-se simbolicamente; o erotismo mais cru reivindica a livre expressão da sexualidade feminina. Não é raro que o macho dominante não funcione no momento de demonstrar sua virilidade… Citemos entre muitos outros, dois *best-sellers* típicos, *Une femme tout simplement*, de Bahaa

Trabelsi, e *L'Amende*, de Badra-Nedjma; e também sobre a relação entre mãe e filha, uma narrativa particularmente chocante. *La jeune fille et la mère*, de Leïla Marouane.[8]

As adaptações

Na verdade, no mais das vezes, as filhas de imigrantes não querem escolher entre as tradições e a revolta. Obter mais liberdade, sim, mas sem romper com a família. Aproveitando as transformações da própria sociedade francesa, elas procuram (e encontram) adaptações, acordos, transições.

Primeiro, consultam. Ao final dos anos 1970 no Planejamento Familiar de Marselha, Arlette recebe um bom número de *beurettes*, jovens de origem magrebina nascidas na França. Para sua grande surpresa, elas se interessam menos pela contracepção e mais pela preservação de sua virgindade. Totalmente ignorantes acerca de sua anatomia, curiosas sobre os prazeres do sexo, pressionadas por um companheiro exigente, elas querem saber até onde podem ir. Fazem questão, acima de tudo, de permanecer virgens, mesmo que o namorado seja aceito pela família como futuro esposo. E o próprio namorado também afirma que não casará com uma moça que não esteja "intacta", isto é, provida de um hímen que sangre no momento da defloração. Arlette dá os esclarecimentos necessários, mas aconselha ao casal se munir, por precaução, de um fígado de ave fresco na noite de núpcias para o caso de ser necessário um pouco de sangue. Por sua vez, Chantal, parteira de um hospital público, recebeu um dia em consulta uma jovem grávida, mas ainda virgem. Interrogada, ela declara só ter aceitado de seu namorado penetrações anais. "Você sentiu prazer? Não, responde a jovem". Ela quer fazer um aborto seguido da reconstrução imediata de seu hímen.[9]

O NOVO CONTEXTO

Foi dito que o surgimento da aids marcou uma nova etapa no início dos anos 1990.[10] Os poderes públicos, preocupados em conter a epidemia, lançam, com subvenções, campanhas de informação em todas as direções. Associações como o Planejamento Familiar, que até então lutavam pela livre sexualidade, sem se preocupar especialmente com os imigrantes, começam a visar a esse público. Para instruir essas mulheres, frequentemente analfabetas, os centros sociais multiplicam as palestras acerca do tema. Sobre as mesas estão tanto esquemas de anatomia quanto exemplares de todos os dispositivos de proteção: preservativos, diafragmas e espermicidas, pílulas e DIUs. Assistentes sociais explicam os esquemas e o uso desses objetos. O caráter técnico das palestras afasta a "vergonha" e mantém sob controle o pudor das participantes. As mães vêm sozinhas, depois voltam com suas filhas. Ousam fazer perguntas e se lançam cada vez mais livremente em discussões animadas, entre elas ou com as palestrantes.

Os poderes públicos também financiam ações voltadas para as periferias. Nelly, militante do Planejamento Familiar de Marselha, participa organizando espetáculos de rua interativos no modelo do "teatro do oprimido". As encenações mostram os perigos da submissão e da passividade feminina no campo da saúde. Entre as "espectadoras", as mulheres compreendem a extensão da responsabilidade feminina, não apenas no lar, mas também fora dele. Grande momento de empoderamento de descoberta da cidadania! Essas mediadoras se tornam "elos", traços de união entre as assistentes sociais e as populações desprovidas, pois são também capazes de acolher, escutar, acompanhar. Nelly e sua equipe também participam da "educação para a sexualidade", recomendada pelos currículos ministeriais e que alguns diretores de escola se esforçam para organizar.

É preciso destacar igualmente o papel das associações de trabalhadores imigrantes. No início dos anos 1960, elas passaram a abrir seções femininas que se encarregavam sobretudo da ajuda mútua, da alfabetização e do apoio escolar. Muito diferentes são as iniciativas que ganharam corpo em meados dos anos 1980. A chegada da esquerda ao poder, em 1981, encorajou todas as reivindicações por igualdade; a criação de um Ministério dos Diretos da Mulher animou as feministas. A associação Nana-Beurs (Meninas árabes), constitui-se assim, em 1983, como ponto de encontro entre as manifestações antirracistas e as feministas. Pouco depois nascem a Voix d'elles-rebelles (Voz das rebeldes) e a Voix de femmes (Voz das mulheres).[11] Há aqui uma transformação decisiva do sistema de valores e de referências identitárias: as filhas de Eva, saídas do âmbito privado da vida familiar, se colocam como interlocutoras das instituições. A morte de Sohane, já citada, provoca a criação de uma nova associação, Ni putes, ni soumises (Nem putas, nem submissas), cujas manifestações corajosas serão divulgadas pelos meios de comunicação.

Entretanto, apesar de sua militância e presença na mídia, a influência real dessas associações nem sempre está à altura de suas ambições. Elas mobilizam apenas uma pequena elite, e o entusiasmo passa logo. Muitas assistentes sociais constatam o que consideram uma regressão, talvez relacionada à crise econômica e ao desemprego. Segundo seu testemunho, poucas jovens oriundas de meios modestos da imigração se esforçariam para adquirir uma autonomia econômica; elas esperam que as casem para em seguida viver dos auxílios fornecidos pelo governo para os desprovidos ou os que têm baixos rendimentos. Um pouco como se quisessem conservar seu "direito à dependência", em conformidade com suas tradições.

Outras jovens, vindas de meios mais favorecidos, exibem um "recuo identitário": usam o véu e praticam ostensivamente sua religião. O Ramadã, em particular, constitui para elas um elo social cheio de afeto; a refeição da noite, realizada com a comunidade, valoriza o alimento preparado pelas mulheres. Toda adolescente fica orgulhosa e feliz quando pratica pela primeira vez o jejum durante todo o Ramadã! Interrogadas, essas moças devotas rejeitam qualquer influência "islamista". Afirmam enfaticamente a superioridade de sua cultura, notadamente no que concerne ao respeito pelas mulheres. Para elas, a publicidade e outras imagens desnudam o corpo feminino e constituem atentados ao pudor. Em seu modo ver, a contracepção não tem o prestígio de uma conquista recente, mas é somente uma prática estrangeira que elas postergam para depois do casamento. Permanecem virgens para demonstrar sua diferença; dispõem de seu corpo, mas não para fazer com ele o que fazem as ocidentais. E, feministas à sua maneira, mantêm os machos a distância.

Certificados de virgindade e reconstituição do hímen

Durante os anos 1990, a demanda por certificados de virgindade aumentou. Pretendeu-se afirmar que essa estranha moda decorria da influência do islamismo, de um enfraquecimento identitário. Na verdade, toda a celebração do casamento se transformou. As grandes festas caras, que endividavam as famílias, se tornaram raras. E, sobretudo, a exibição do certificado de virgindade pouco a pouco substituiu os lençóis manchados. Em Túnis, o certificado é incluído no enxoval da noiva ou preso com um alfinete em seu vestido.

Para um médico ocidental, esse tipo de certificado traz problemas de deontologia ou mesmo de ética, que colocam em jogo o segredo profissional. Muitos se recusam a fazê-lo, argumentando que a perda de virgindade não é nem uma doença nem um acidente que provoca invalidez. Um ginecologista que não se recusa a fazê-lo assim se explica: mais frequentemente, afirma ele, o pedido vem do pai ou dos parentes, quando a menina é menor. E acrescenta:

> Insisto no fato de que o essencial é a própria palavra da garota e deveria ser suficiente, que um exame ginecológico é uma experiência difícil de ser enfrentada para ela e, por fim, que, dada a diversidade de constituições anatômicas, nossos certificados não têm senão um valor relativo. Em seguida, minha redação do certificado é sempre a mesma; declaro somente a "integridade anatômica do aparelho genital"; não se trata de virgindade. Tal formulação me parece satisfazer todo mundo.

A reconstituição do hímen parece ser uma aberração ainda maior. Perde-se virgindade como se perde uma chave que é substituída por outra, feita pelo chaveiro? Essa demanda exaspera o professor Israël Nisand, ginecologista de grande notoriedade. Por que "colocar a honra masculina entre as coxas de uma mulher", quando "não é feita nenhuma verificação desse tipo no homem"? A cirurgia é proibida em sua clínica, e ele denuncia ferozmente aqueles que "enchem os bolsos" ao praticá-la. A rigor, seria possível "fazê-la gratuitamente"; caso contrário, trata-se de um "comércio". Isso não impede a progressão dessa prática em uma clínica parisiense – há cinco anos faziam-se quatro ou cinco reconstituições de hímen por ano; em 2009, eram três ou quatro por semana. Para assegurar o reembolso pelo sistema público de saúde, o cirurgião declara uma "plástica vulvar". As moças se endividam para pagar a conta de 2.500 euros. Elas não pagariam mais que 200 ou 300 euros em um hospital público, mas a discrição então não estaria garantida. E continuam ansiosas: o remendo aguentará até as núpcias?

Confrontado com tal solicitação, todo profissional da saúde consciencioso, médico ou parteira, tenta explicar à paciente que ela tem o pleno direito de dispor de seu corpo e que deve assumir essa liberdade. Deixar que lhe seja imposta uma restauração virginal é aceitar uma humilhação simbólica que ameaça pesar sobre ela até o fim de seus dias. Não é fácil ouvir um discurso dessa natureza. A reconstrução às vezes é solicitada por moças vindas do Magreb para engravidar de x e que querem a todo preço apagar um passado doloroso. Finalmente, diante do desespero das famílias, uma ética da compaixão acaba frequentemente prevalecendo. Aliás, os profissionais da saúde de origem magrebina, cada vez mais numerosos na Europa, se deixam convencer facilmente. Na Argélia, nas grandes cidades, aumentou o número de clínicas que realizam esse tipo de cirurgia.

Esse fenômeno pode ser mais bem compreendido se ouvirmos Beatriz, conselheira familiar que até 2002 fazia as entrevistas que precedem a realização de um aborto. As filhas de imigrantes que acreditaram na liberação sexual e fizeram pouco de sua virgindade se veem às vezes cruelmente decepcionadas. O parceiro se revela indigno de confiança; mais brutal que terno, infiel e irresponsável, ele desaparece diante do anúncio de uma gravidez. E os eventuais companheiros que vêm depois dele não valem grande coisa. Essas moças então descobrem que o amor é um engodo, que a autonomia não é uma panaceia. Algumas vivem na penúria, precariamente, e mesmo as que ganham sua vida sofrem de solidão moral e afetiva, de remorsos, saudade; elas lamentam seu meio de origem – rígido, é verdade, mas aconchegante e seguro. Um dia decidem voltar atrás para "recomeçar do zero"; isso é possível porque têm um meio de se reconciliar, reconstituindo sua virgindade.

Não é apenas a honra masculina que está em jogo nessa reconstituição. A virgindade feminina é a pedra angular de todo um edifício. Na verdade, a sexualidade é praticada de duas formas:

antes do casamento é um jogo a dois, inconsequente; a partir daí, é um compromisso de constituir um casal para procriar e cuidar dos filhos. Essa distinção ainda parece bastante presente na mente dos homens. Para se sentirem compromissados, eles têm necessidade de um símbolo forte; o sangue é esse símbolo forte.

O hímen no tribunal

Em 8 de julho de 2006, perto de Lille, um casal de confissão muçulmana se casa por amor. Ele engenheiro, ela estudante. Em meio à noite de núpcias, o rapaz, alterado, anuncia às duas famílias que vai pedir a anulação do casamento porque a noiva reconheceu ter mentido: ela se dizia virgem, mas não era. A queixa e o processo causaram tumulto no tribunal de Lille. A notícia se espalhou como um rastilho de pólvora, acompanhada de comentários fervorosos em todas as mídias, na França e fora dela. Os debates negligenciam a mentira, focam a virgindade. Como se ousa, em pleno século XXI, em um país laico, exigir que uma jovem seja virgem ou mesmo somente lhe perguntar se o é? As feministas, com a associação Ni putes, ni soumises em primeiro plano, proclamam em alto e bom som sua indignação.

Esse episódio provoca uma renovação do discurso que desqualifica o hímen. Não se pode mais defini-lo como uma "membrana"; no máximo, como uma pequena prega[12] ou uma "mucosa", para insistir em sua fragilidade. Não se deve mais falar em "reconstruir" o hímen, em caso de estupro ou acidente, mas de "construí-lo", como ele se jamais tivesse existido. Não cabe mais falar de "defloração", fantasia de uma "flor" imaginária, mas de "iniciação", para igualar a menina ao menino; pois pode acontecer de o menino sangrar, também ele, caso a iniciação seja brutal... Essas discussões sem fim revelam sobretudo, ao que parece, a emoção, a inquietação persistente dos internautas.

O NOVO CONTEXTO

NO SEX:
A NOVA MILITÂNCIA AMERICANA

Bem longe do Velho Mundo, que nunca acaba de se livrar das tradições, a virgindade passou a ser oficialmente revalorizada nos Estados Unidos há alguns anos. Primeiro, na esperança de limitar o número adolescentes grávidas e de frear a propagação da aids. Todavia, um objetivo político se revelou no início dos anos Bush: uma campanha de promoção da abstinência foi lançada no ensino médio em paralelo, ou em concorrência, às informações sobre a contracepção. Uma rica herdeira, Paris Hilton, conhecida por seus escândalos, declarou, então, que, caso se casasse, reconstruiria seu hímen. Uma rádio anunciou que uma estudante leiloara sua virgindade para financiar seus estudos. Viu-se ainda, em um desenho animado, uma mãe oferecer um *sex toy* para sua filha.

Essas medidas são, então, na França e nos Estados Unidos, ridicularizadas ou parodiadas. Entretanto, ao mesmo tempo, a nova tendência dá voz àqueles e àquelas que não se empolgaram com a liberação sexual. Passou-se, dizem, de um conformismo a outro; da proibição à exibição. No presente, a distância entre o júbilo carnal, exaltado pelas mídias, e a miséria sexual, vivida no dia a dia pela maioria, pode se tornar insuportável. É tempo de relativizar. O sexo é superestimado e está bem longe de trazer tanta felicidade quanto dizem. A sabedoria convida a não lhe conceder senão um espaço limitado...

É preciso distinguir aqui duas categorias de adeptos. Uns se dizem "assexuais" – não sentem nenhum desejo do corpo, o que não os impede, dizem, de apaixonar-se e estabelecer ligações sólidas; o afeto lhes basta. Segundo pesquisas recentes, eles representariam entre 1% e 2% da população. Durante algum tempo se calaram, pois tinham vergonha de sua libido debilitada; depois se convenceram de que essa simples diferença não significava nenhuma inferioridade. Graças à internet, descobriram outros que viviam a mesma experiência. Os semelhantes se encorajaram mutuamente e ousaram dar a conhecer sua verdade: sim, é possível amar, ser amado, ser feliz no amor, mesmo se abstendo de toda relação carnal. Outros adeptos declaram sentir pulsões, mas escolhem praticar livremente a abstinência, provisória ou definitiva, com o objetivo de disciplinar o corpo e assegurar seu domínio. Algumas jovens usam um anel de prata para manifestar sua intenção de permanecer virgem até o casamento, castas e fiéis depois dele. Esses temas foram recentemente discutidos na França: Silvie Fontanel publicou *L'envie*,[13] romance ou autoficção cuja heroína se impõe uma longa abstinência para analisar as próprias reações e as dos outros; uma jovem filósofa, Peggy Sastre, realizou uma pesquisa intitulada *No sex: ter vontade de não fazer amor...*[14] Abstinência, castidade, virgindade hoje receberam, portanto, ao que parece, direito de cidadania. Para o diabo com o pensamento único! A liberdade sexual é entendida no sentido mais amplo, mais diverso. Essa liberdade sempre é vivida facilmente? Quantos não prefeririam se conformar às normas comuns para merecer a estima das pessoas "simples e honestas"?

Notas

[1] D. Cerbelaud. *Marie, un parcours dogmatique*, op. cit.

[2] R. Metz, *La Consécration des vierges*, op. cit.; C. Hourticq, *Les Religieuses*, Éditions de l'Atelier, 1996.

[3] C. Baker, *Les Contemplatives, des femmes entre elles*, Stock, "Stock 2/Voix de femmes", 1979.

[4] J. Roux, *Anne Leflaive, vierge consacrée*, François-Xavier de Guibert, 2005.

[5] S. Bessis, S. Belhassen, *Femmes du Maghreb: l'enjeu*, Jean-Claude Lattès, 1983. Após esse livro pioneiro, as publicações sobre esse tema se tornaram numerosas. Ver especialmente as revistas *Migrations Santé* e *Migrations et sociétés*.

O NOVO CONTEXTO

[6] C. Lacoste-Dujardin, *Yasmina et les autres, de Nanterre et d'ailleurs*, La Découverte, 1992, e C. Lacoste-Dujardin (org.), *Les Jeunes Filles issues de l'immigration maghrébine. Une problématique féminine*, La Documentation française, 1995.

[7] Agradeço imensamente às militantes do Planning Familial e as do Couple et famille que me relataram suas ricas experiências.

[8] B. Trabelsi, *Une femme tout simplement*, Casablanca, Eddif, 1995; Nedjma, *L'Amande*, Plon, 2004; L. Marouane, *La Jeune fille et la mère*, Seuil, 2005. Ver também I. Charpentier, "Virginité des filles et rapports sociaux de sexe dans quelques récits d'écrivaines marocaines contemporaines", *Genre, sexualité et société*, printemps 2010, n. 3 (em meio digital).

[9] C. Birman, *Au monde. Une sage-femme raconte*, La Martinière, 2003.

[10] S. Musso, *Sida et minorités postcoloniales. Histoire sociale, usages et enjeux des "migrants" dans les politiques du sida en France*, tese de Antropologia Social e Etinologia, École des hautes études en sciences sociales, 9 de dezembro de 2008.

[11] C. Melis, "Nanas beurs, Voix d'elles rebelles et Voix de femmes. Des associations au carrefour des droits des femmes et d'une redéfinition de la citoyenneté", *Revue européenne des migrations internationales*, 2003, v. 19, n. 1.

[12] S. Mimoun (org.), *Petit Larousse de la sexualité*, Larousse, 2007.

[13] S. Fontanel, *L'Envie*, Robert Laffont, 2010.

[14] P. Sastre, *No Sex. Avoir envie de ne pas faire l'amour*, La Musardine, 2011.

A HISTÓRIA CONTINUA!

Feitas as contas, percebe-se que a evolução das identidades sexuais se insere numa mutação antropológica de uma complexidade tal que não se vislumbra seu fim. A transição é lenta, aleatória. Talvez por muito tempo continuaremos condenados às dúvidas e contradições. É a razão pela qual as páginas que acabaram de ser lidas não comportam nenhuma conclusão; sugerem apenas algumas observações finais.

No plano psicológico, a "primeira vez", mesmo desmistificada e dessacralizada, guarda, para cada uma e cada um, o peso duplo de ser rito de passagem e encontro inaugural. É o adeus à infância; a descoberta do Outro, do outro sexo. Essa primeira vez exprime a sobrevivência da espécie, uma força que precede e ignora os dois parceiros. No plano social, a virgindade, mesmo como opção voluntária, não é uma posse pessoal, é uma relação com outrem; não apenas com o outro sexo, mas com a família e a coletividade. Todo ser humano só existe em, para e por suas relações com seus semelhantes.[1] Os antigos o sabiam, mas nós temos tendência de esquecê-lo, na ânsia de promover o indivíduo. Os elos sociais formam uma religião laica que está além de toda crença no divino. E nossos laços afetivos nos prendem mais firmemente que qualquer norma. Os elos sociais e sentimentais colocam na berlinda o sentido da palavra "emancipação": como permanecemos dependentes uns dos outros! No plano simbólico, a virgindade, ao lado de sua irmã mais nova, a castidade, simboliza a parte do humano que resiste ao domínio da sexualidade. Os gregos confiavam essa resistência às deusas, e não aos deuses. De fato, ela é rara entre os representantes do "sexo forte", que preferem deixar para as mulheres essa responsabilidade, uma vez que desde sempre são elas as tentadoras.

O "segundo sexo" deve velar com prudência pelo que está em jogo. As moças se reapropriaram de sua virgindade e do livre uso de seus corpos. Aquisição infinitamente preciosa, que merece ser cuidadosamente defendida. Mas o melhor emprego dessa liberdade é hoje frequentemente difícil de discernir. Ainda se deve falar de "dominação masculina"? Se sim, saibamos que ela é imprevisível; os próprios homens não sabem qual forma ela assumirá amanhã.

A história continua!

Nota

[1] L. Herault, "Les vierges jurées: une masculinité singulière et ses observateurs", *Sextant*, Université libre de Bruxelles, 2009, n. 22.

A autora

Yvonne Knibiehler

Historiadora e feminista engajada, Yvonne Knibiehler é especialista em História das Mulheres. Autora de mais de uma quinzena de livros, sua principal obra é *La Sexualité et l'histoire* (2002).

GRÁFICA PAYM
Tel. [11] 4392-3344
paym@graficapaym.com.br